大学生に衝撃と感動を与えた「カントの道徳」講義録

夏目研一
natsume kenichi

致知出版社

プロローグ
カント道徳に衝撃を受け、涙した学生たち

「今までに出会ったことのない本質をつく道徳論に出会い、衝撃や腑《ふ》に落ちる感覚を何度も味わいながら道徳教育を学ぶことができた」

「この講義や新たな道徳論、先生との出会いは、私にとって教員を目指す上でもこれから生きていく上でも、新しい世界を教えてくれた分岐点となるものであり、本当に出会えてよかったと思っている」

「最後の十五回目の資料を読んでいて、私はなぜか涙してしまいました。こんなに自分自身の内部に訴えかけてくる授業を受けることができた喜びと、自分が熱意をもって授業に参加してきたからこそ、終わることへの寂しさが募ったのだと思います」

これらは私の授業を受講した大学生のコメントです。

私は、教職を志す学生が多数在籍する都留《つる》文科大学で「道徳教育の方法」をテーマに、カントの提唱した道徳を講じました。

本稿でメインに取り上げるイマヌエル・カント（一七二四－一八〇四年）は、近代哲学の祖と謳《うた》われ、現代の思想・哲学の元を辿《たど》ればすべてカントに行き着くといっても過言ではないほどの巨人です。しかし、カント道徳に関する既存の研究論文の大半はその思想を頭だけで解釈したものであり、研究者自身の実人生に落とし込んで再現したものではないため、肝心な部分が十分伝わっていないことを残念に思っていました。

将来教育の現場に立つ学生たちに教えるからには、その講義内容は極力具体的で実践的でなくてはならない。私は試行錯誤を重ねながら具体例を数多く挙げて講義することを心がけ、学生にも「首から上だけで読まず自分の体験に落とし込んで味わうよう」促しました。

授業の最初の数回目までは学生たちからの強い疑いや反発が頻出しましたが、「疑問・反論があれば大いにツッコミを入れてほしい」と言って受け入れ、寄せられたコメントには必ず丁寧にフィードバックして全体で共有しました。

そうした講義を重ねていくうちに、学生たちの受講態度は徐々に変わり始め、やがて夢中で耳を傾けるようになり、最後には大きな衝撃と感動をもって受け止めてくれたのです。その姿を見て、私はカント道徳の偉大さを改めて実感すると共に、彼らを通じて時代が拓けていく手応えをハッキリと感じました。

人生の目的は何か――。カントは私たちに問いかけます。**「幸福になるため」**というのが一般的な回答ではないでしょうか。

しかし幸福といっても、他人に善いことをして得られる幸福もあれば、相手に苦痛を強いることで得られる幸福もあります。いじめられるのが嫌でいじめる側に回るのも、悪いとわかっていながら不正に手を染めるのも、自分の幸福のためといえます。このように「幸福」を求めることで「悪」へと誘導される場合も少なくはないのです。

詳しくは第4章で述べますが、カントは、道徳を〈仮言命法《かげんめいほう》〉と〈定言命法《ていげんめいほう》〉の二つに明確に区別することを考えました。

〈仮言命法〉とは、〈幸福〉を人生の目的・使命の第一に置き、自分が幸福になることを動機に善・徳を実行することをいいます。ここでは、善・徳が幸福になるための手段となっているため、善を行えば不幸になりそうな時には、悪を選択することにも道が開かれていきます。

これに対して〈定言命法〉は、人生の目的・使命の第一に「徳性を高め、善を行うこと」を置き、「道徳法則への尊崇」だけをその動機とします。

私の講義を受けた学生の多くは、自分はこれまでそこそこ道徳性があるとうぬぼれていました。しかし、この仮言命法と定言命法に照らして自分の行為の動機をつぶさに点検していくと、自分の利や快（幸福）の実現こそが本音であり、その手段として善を行っていることに気づき、愕然《がくぜん》とすることになりました。

そこから、学生たちはカント道徳への興味を膨らませていくことになったのです。そして、定言命法による道徳こそが目指すべき第一のものであることを理解し、結果として、なぜ嘘をついてはいけないのか、なぜ人の命を奪ってはいけないのか、なぜ盗んではいけないのかといった問いに対して明確な答えを持つことができるようになりました。

善・徳は本来、幸福になるための「手段」ではない、とカントは考えました。善・徳そのものに価値があるから、そして善・徳への尊崇の思いから、「それを目指そう」という意識であるべきなのだと。幸福はあくまでその結果なのです。

第5章で詳しく説明しますが、カント道徳における〈善の定式1〉は、「自分と他者の人間性をいかなる場合にもたんに手段としてはならず、常に目的そのものとして大切に扱いなさい」です。また〈善の定式2〉は、「それをすべての人の義務としたとき、自己矛盾を来さずに個人・社会・人類の持続可能性が保証されること」です。「目的として扱う」とは、**自分及び他者の、命・生まれながらの資質・個性・尊厳、さらに他者に悪を為さない範囲での信条・自由……を大切にすることです。**

しかし、なぜ「善」「道徳法則」そのものに価値があると言えるのでしょうか？

それは、誰もがそれを求めて生きることによって、個人や社会が**「自己矛盾」**から逃れられ持続可能性が保証されていくからです（カントはこれを「普遍性がある」という言葉で表現しました）。つまりすべての「人間の命」がこれによってこそ保証されるからです。だからこれが「人類究極の価値」である、という結論にカントは行き着いたのです。

とはいえ、カントは決して幸福を否定したわけではありません。カントは自宅にゲストを招き、ワインを傾けながら様々な世間話について談笑することを楽しみにしていました。道徳的判断を迫られない場面では、大いに幸福を楽しめばいいのです。

一方で、人間が善・徳を尊崇するという意識レベルに達しなければ、いじめを止める勇気も生まれず、権力者への忖度《そんたく》が悪癖となり、犯罪や戦争も永遠になくなりません。そのことを理解することが大切です。

現代は様々なところで人々が分断されています。それを統合する唯一の手段がカント道徳にある、と私は確信しています。新しい時代は、カントが説く道徳レベルの人が多くなることで初めて拓けていくといっていいでしょう。その理由をこれから本書で明らかにしていきたいと思います。

本書を書き上げて最後に気づいたこと。それは〈目的の国〉の実現によって「カント道徳」が完成するということです……。

※〈目的の国〉とは、カントの〈善の定式〉を目指す国民によって創られる、国と国とが互いに目的そのものとして尊重し合う国のこと

目次

第4章　仮言命法と定言命法

第5章　カントの〈善の定式〉

第8章 正義論と道徳論の区別が可能となった

第9章 モラル・ジレンマの問題を解決する

第10章　カント道徳は「修養」を必要とする

凡例

＊著者が強調した箇所については太字、もしくは傍点を付した。
＊著者が補足した箇所は（　）内に示した。
＊訳文の引用箇所については、［　］内に示した。
＊語注は、各節末にまとめて記した。

第1章 現状の道徳教育を「カント道徳」に転換すべきこれだけの理由

自分の〈幸福〉ばかりを第一優先順位に生活していると、幸福欲求がどうにも制御しがたい情念に育ってしまい、無意識のうちに自分の〈不幸〉を避け〈幸福〉を選択することが常態化してしまう。そしてそれが「いじめ」を見て見ぬふりをする原因にもなっていく……

1節 「幸福になるために挨拶をしよう」では〈普遍化〉できない

「なぜ挨拶をするのか」について考えてみましょう。

一般には多くの教師が次のように挨拶を奨励していますね。

「挨拶をするとお互いに気持ちがいいでしょう」。「挨拶をきっかけにして仲良くなれ、教室も明るくなるでしょう。だから挨拶をするのですよ。」

要するに〈幸福〉になれることを理由に（動機にして）挨拶を奨励しているわけです。

しかし、この場合、もし挨拶が相手に聞こえなかったり、タイミングがずれたり、相手が意図的に無視などをして、挨拶が返ってこなかったりすると、期待していた〈幸福〉に見放されて不快や動揺を感じ、それを機に挨拶に自信をなくしたり嫌いになってしまうことが、往々にしてあるものです（実際、結構こういうことがあるのです）。

つまり、右のようなものを動機としている限り、この原理には普遍性はないのです。

それに対して、カントの〈善の定式[注1]〉に目覚めると違ってきます。「他者を大切に扱うこと」そのものが〈**行動方針**〉（これを「格率」といいます）であるために、他者の絶対的な存在を尊重すべきだと考えて、まさにそのために挨拶をすることになります。決して自分の「快」や「利」を求めてするのではなく、相手への尊敬・リスペクトを示すためにするのです。

すると、挨拶が返ってこようとこまいと、それに翻弄《ほんろう》される理屈はなくなりますね、原理的に。こうやって、自分の中に動かぬ「軸」ができるわけです。

このことは実践してみればわかります。挨拶の返事が返ってこない場合、もちろん最初は多少動揺しますが（だって、人間は〈感性的存在者〉でもあるのですから）、すぐにその〈**感性**〉に代えて〈**道徳理性**〉で立て直すことができます（だって、人間は〈理性的存在者〉でもあるのですから）。そして、次第に相手に振り回されなくなります（私がそうでした）。

たとえば私が初めて、ある大学の講師室に入った四月、大きな声で先生方に挨拶をしたにもかかわらず、先生方からはあいまいな小さな反応しか返ってきませんでした。しかし、私はそれに臆することなく次の週も元気よく挨拶したのです。するとと、前より反応の良い挨拶が返ってきたのです。またそのようなことをきっかけに次第にほかの講師同士の挨拶も活発になり、互いの会話も弾むようになっていったのです！

やがてある年度末、長年そこで講師をしてきた女性の書道の先生が退職することとなり、私にお別れの挨拶をしにきてくれました。「先生の挨拶によって、この部屋がぐんと明るくなってありがたかったわ。それまでは何年も誰とも会話をすることがなく、息が詰まるようだったのよ」と。

だから、挨拶の授業で最終的に生徒に身につけさせたいものは、やはり〈善の定式〉に行き着くのです。つまり「自分と他者の人間性をいかなる場合にもたんに手段としてはならず、常に目的そのものとして大切に扱おう」という意志を身につけ、強化していくことを目指すのです。

「目的として扱う」とは、自分や他者の命・生まれながらの資質、個性、尊厳、さらに（他者に悪を為さない範囲での）信条・自由を大切に扱うという意味です。道徳教育で身につけさせたい究極の態度が、つまりこれなのです。

注1　第5章を参照のこと

2節　相模原事件のような悲劇がまた起こってしまう

かつて（二〇一六年）、相模原市の障害者施設で大量殺人事件がありました。その犯人は、「障害者は役に立たないし税金の無駄遣いだから殺した」と自分の正当性を主張していました。

役に立つか立たないかという判断は個人や共同体の〈幸福〉（この場合は利益）をめぐっての判断です。もしあなたの人生観として「自分が幸福になることが人間の第一の使命だ」とか「道徳とはそもそも共同体が幸福になるための手段なのだ」という考え方が（これは仮言命法の道徳ですが）あったなら、自分たちの〈幸福〉のために障害者を殺してしまうという考え方にも一理あると納得してしまうことにもなりかねません（これは「論理的必然」の問題でもあり、カントはこのような〈必然性〉を明らかにすることが哲学であると考えていました）。

しかし、カントの〈善の定式〉に立つなら、**人を殺すことはどんな場合でも明確に**

〈悪〉です。役に立とうが立つまいが、自分たちの〈幸福〉と切り離して他者を大切に扱うことが〈善の定式〉の命ずるところなのですから。

また〈善の定式2〉[注1]にあてはめて考えてみますと、「人を殺すこと」をもしすべての人の義務としたら（普遍化したら）、自己矛盾が生じて人類は滅びてしまうでしょう。

ここからも、道徳教育において〈幸福〉を動機としてはならないことがおわかりでしょう。〈幸福〉を目的とした道徳教育は自己矛盾を起こして破綻《はたん》していく場合があることがおわかりでしょう。〈幸福〉と〈善〉とを引き離して道徳論を新たに構築し直さなければならない理由が少しはおわかりでしょう？

注1　第5章を参照のこと

参考

「経済学者のNはネット配信番組で『高齢者は老害化する前に集団自決みたいなことをすればいい』と発信。米ニューヨーク・タイムズ紙は、Nの発言で『長寿社会で自分たちの経済発展が妨げられていると信じて不満を抱いている何十万人もの若者たちが、彼のソーシャルメディアをフォローした』と報じたと言う。」（「GLOBE」『朝日新聞』二〇二四年五月十九日の丹内敦子氏の文章より）

ここでも争いの元となる「分断」が起こっています。が、〈幸福〉を〈道徳〉よりも優先して生きているなら、N氏のような考え方に共感することにもなってしまうでしょう。

しかし、〈道徳性〉（善の定式）を〈幸福〉よりも一歩優先することを行動方針にしている人なら、決してこのような反道徳的な発言は思いもつかないことでしょう。

3節　「いじめ」を防げない

私が中学校の教師をしていた時、いじめをする動機として多かったのは、「いやなにおい」を発している（たとえば髪の毛を洗わない生徒がいてにおう）時。さらに、違和感を感じさせるちょっと変わった言動が鼻につく時。さらに「あいつは生意気だ」という生徒同士の勢力争い。弱い者をいじめることに快感を感ずる時……。

なお、いじめを見て見ぬふりをするのは、自分も「違和感」を持っている時や、もし先生に報告しに行ったことが発覚したりいじめを直接やめさせようとしたら今度は自分がターゲットになるのではないか、という〈不幸〉の予感があるからです。

これらはみな自分の〈幸福〉のために起こるもの。ですから、日ごろから自分の〈幸福〉を第一優先順位にしていると、無意識のうちにどうにも制御しがたい情念に育ってしまい、これがいじめを防げない根本原因になってしまうわけです。

仮言命法の道徳は「自分の幸福」を動機とし目的にもしているので、そのために〈悪〉を行うことも、自分の中では納得できてしまうこととなります。それが問題なのです。半分は〈悪〉をもたらしてしまう原理が仮言命法の欠陥なのです。

それに対して、定言命法は、たとえ自分が不快になろうが損をしようがそれとは無関係に、「道徳法則への尊崇」だけを動機とし、「徳性を高め善を行うこと」を人間の第一の使命とするので（ただし、幸福を第二の使命に置きます）、異臭《いしゅう》がしようが違和感があろうが自分が次のターゲットになろうが、そのような感性的な不快・不利つまり〈不幸〉とは無関係に、〈道徳理性〉を稼働させて他者を大切にすることができる「原理」「理屈」になります。このような原理に立つことで、ようやく普遍的にいじめを防ぐ道徳教育の可能性が拓けてくるわけです。そして、たとえいじめを直接に止めることができなくとも、せめて先生やその親に報告する勇気が鼓舞されます（歴史上でも、自分の不幸を顧みずに〈悪〉を避け〈善〉を選択した偉人はたくさんいます）。

ただし、それを実践できるためには、日ごろからこのような〈道徳理性〉を鍛えていく「修養」がどうしても必要になりますが、その修養の仕方については第10章、11章を参照してください。

4節　悪い「同調圧力」や「忖度」の横行が防げない

仮言命法の道徳教育では、善を行う「動機」を自分や自分たちの〈幸福〉に置きます。ここでの〈幸福〉の定義は**「自分（たち）の利や快や情念が満たされる状態のこと」**です（カントは〈幸福〉を「感性的なもの」とか「経験的なもの」とも表現しています。〈理性〉と対峙させているのですね）。

自分の「利益や快楽」を求めているうちに、度が過ぎてつい人の道を踏み外してしまう場合があることを、多くの人が見聞きしていることと思います。

「情念」の場合は一層顕著《けんちょ》です。情念を〈幸福〉の一つに据えたのは、「利」や「快」と同じく「感性的・経験的なもの」だからです。また情念を満たすことに幸福感が生ずるからです。たとえ憎しみという情念であれ、それを晴らすことに〈快感〉を感じてしまうからです。

「情念」とは、強いこだわり、執着のことで、善い方向に向かう場合もあれば悪い方向に向かう場合もある、という理解が必要です。善い方向では、自分の仕事や研究や趣味に強いこだわりを持っている状態です。野口英世は黄熱病克服への、またゴッホは絵画への情念に燃えた人でした。このような良い情念は「情熱」と言い換えるべきでしょうけれど。

しかし、悪い方向への情念もあります。これが問題です。怨恨《えんこん》、嫉妬《しっと》、復讐心、恐怖心、守銭奴《しゅせんど》、名誉欲などにこだわっている状態がそれです。SNSでの誹謗中傷《ひぼうちゅうしょう》も悪しき「情念」の発露と言えましょう。

このような悪い方向にもしばしば振れてしまうことから、普通に考えてみても、道徳を普遍的に可能にするには、〈幸福〉というもの、すなわち〈感性的〉なものを動機としてはいけないことに気づくはずです。半分は、確かに良い方に動機が使われますが、残りの半分は悪い方に使われてしまうのですから。

仮言命法の原理が、〈幸福〉に動機と目的を置いているということだけからも、このような未来の結果が予測可能ですが、これを**〈論理的必然〉**と言います。これにはもはやエビデンス（証明・証拠）などは無用です。もちろん「個々の現場」においては、途中に様々な「別の力」が加わり、ストレートにその結果に向かうことは稀ですが、それでもその別の力とは無関係に、常に底流としてその論理的必然性の力が働いているということは理解できましょう。

それに対して定言命法の場合は、〈動機〉が「道徳法則に対する尊崇」だけであり、人生の第一の〈目的〉が（幸福になることではなく）「徳性を高め、善を行うこと」ですから、理屈上、自分がたとえ〈不幸〉になろうともそれとは無関係に道徳行為が可能となります。邪魔するものは何もない、いつでも常に、つまり普遍的に善を実行できる理屈になります。

これも論理的必然ですね。原理を点検するだけで、それが究極的にどういう結果につながるのかが前もってわかってしまいます。そこでは、財産への執着や嫉妬や憎しみなどの影響は除去できるのです、理論的には。

カントは〈普遍的な原理〉を求めて哲学し、このような原理（基礎）に行き着いたのです。

それに対して〈幸福〉を動機と目的とする仮言命法の場合は、自分の利や快や情念を満たすことも〈幸福〉のうちですから、悪い利や快や情念にも執着する道が開けており、それらに翻弄されている間は〈善・徳〉どころではありません。

また、動機も目的も〈幸福〉であるため、自分が〈幸福〉になれそうもない時には、

〈幸福〉な人を見て嫉妬や憎しみに燃えてしまうことへの道も開かれています。

それればかりでなく、自分の〈幸福〉を得るために〈悪〉さえも肯定できる理屈が成立してしまいます。なぜなら、人間の使命として、自分の〈幸福〉が善悪問題よりも最初から原理的に一歩優先されているのですから。

そして〈幸福〉を動機とした場合でも悪いことを避けようとするのは、周囲から非難されたり犯罪者になってしまう〈不幸〉が予感できるから、まさにそれが悪を避ける動機となりましょう。このようなあり方のどこに、真の道徳性がありましょうか？

ところが、おそらく九十九パーセントの人が、「人間は〈幸福〉になるために生まれてきたのだ」「幸福こそが我が人生」と、疑うまでもなく思っているものです。

ですから、犯罪者は罪の意識がなかなか持てないのでしょう。「自分はただ自分の〈幸福〉を求めて行動したに過ぎない。悪いことをしようなどとはみじんも思っていなかった。誰だって自分の〈幸福〉を求めて生きているはずだ。自分もそうしたに過ぎない……」という思いでいっぱいなのですから。

さて、ここで本題です。

日本の平成時代に官僚世界で起こった一連の「忖度《そんたく》問題」は、森友学園問題までを引き起こし、「赤木ファイル」を遺しての自殺者も出したきわめて反道徳的な事件でした。官僚たちが〈善〉よりも自分の〈幸福〉を優先した結果と言えましょう。つまり、「左遷される」という〈不幸〉を恐れ、「昇進できる」という〈幸福〉を期待して、それを〈善〉〈道徳性〉よりも優先した結果と言えましょう。悪しき忖度や同調圧力に屈する傾向というものは、実は「幸福欲望」に原因があったのです。

政府（首相）が官僚の人事権を握ってしまったことから、官僚は政治家の言いなりにならざるを得ず、官僚としての矜持《きょうじ》が壊れ、急にそのような忖度が増えたと言われています。[注1] 国家はそうやって国のリーダー層から崩壊していくのでしょうか…。

注1 嶋田博子『職業としての官僚』岩波新書、二〇二二年及び『日本経済新聞』二〇二三年十月二日「経済教室」の嶋田の論稿参照

5節　オキシトシン〈共感のホルモン〉の害を防げない

「NHKスペシャル・ヒューマンエイジ[注1]」という番組で「人はなぜ戦争をするのか」という謎を解いていました。

脳科学を活用して解いた場合、その原因が「オキシトシン」という脳内物質の増加にあるということでした。オキシトシンは共感のホルモン・絆のホルモンとも言われているもので、人類が他の動物よりも弱かった時代、協同しなければ生き残れなかったことによって発達したホルモンであると言います。

ところが、そのオキシトシン、自分のなじみ深い身内や仲間に対して働く物質なので、知らない異質の集団に対しては、むしろ「攻撃性のホルモン」として機能してしまう、と言うのです。**ここに、〈共感性〉を基礎に置いた道徳教育の反道徳性が隠れていますね。**

さらに、「普通の理性」の発達が加わることで、自分たちに都合の良い思想を創りあげてそれを正義だと信じる精神が発達し、敵の悪さを印象付けるプロパガンダ[注2]の影響がそれに竿差《さおさ》した場合には、そこでもオキシトシンがあふれ出て、さらに強固な攻撃性が増してしまうと言います。

要するに、守るべき相手とそうでない相手との線引きをしてしまうことで攻撃的なオキシトシンがあふれ始めると言うわけです。

ならば、その線引きを回避するにはどうしたら良いのでしょうか？

そのためには、カント道徳の〈善の定式〉を最優先の行動方針にして理性的に生き始めることが必要になります。〈自分（たち）の幸福〉すなわち感性的なものよりも優先して。それによって線引きが回避され、争いや犯罪や戦争など、〈悪〉のすべてが解決の方向に向かいます。本質的なものとはそういう力があるのです。

カントは言います。

「いかなる感情（欲望や好悪の感情）も前提せずに、純粋な理性に意志を規定する能力がある[注3]」

普段は英国に住み、定期的に日本に帰国して大学での講義や講演活動をしている藤田早苗氏（英国エセックス大学人権センターフェロー）は言います。

「別の講演会では、子どもの頃から『おまえなんか生まれてこなければよかった』と親に虐待されてきたという参加者がいて、こう言うんです。『自分には人権がある、人としての尊厳があるんだと初めて本で知り、助けられました』（これを聞いて私は）ショックでした。人権とは、一人ひとりをかけがえのない個人としてリスペクト（尊重）するということでしょう（これはカントの〈善の定式〉と同じですね）。日本ではそういう価値が十分根付いていないという問題があるようです。人権とは何かという基本が学校で教えられていないことが原因の一つだと考えています。優しさや思いやりを養うことがあたかも人権教育だという考えが根強く、人権の内容について教える本来の人権教育がなされていないことが問題の一つだと思います。

私はこれを『優しさ・思いやりアプローチ』の教育と呼んでいます。思いやりの気持ちが向かうのはもっぱら、自分が仲間だと感じている人、助けたいと思える人でしょう。しかし、人権を持つという点では仲間であってもなくても同じです。だれにでも普遍的な人権があり、あらゆる人間の尊厳が大切にされるべきであるという視点

が、このアプローチからは抜け落ちてしまいます」[注5]

右では、カントの〈善の定式〉の重要性と、理性に訴える道徳、すなわち「理性道徳」が必要であることを、体験を例に述べていることになりますね。

注1 「NHKスペシャル・ヒューマンエイジ」二〇二三年六月十八日放映

注2 「プロパガンダ」とは、ここでは、ある政治的意図のもとに、思想や主義を都合よく宣伝すること。たとえばヒトラーの反ユダヤ思想。

注3 カント著、中山元訳『実践理性批判1』光文社文庫、二〇一三年、六七ページ

注4 藤田早苗著『武器としての国際人権―日本の貧困・報道・差別』集英社新書、二〇二二年

注5 藤田早苗筆「〈人権のレンズ〉を持てる教育を」『朝日新聞』二〇二四年一月十日

6節　「主流経済学」にも道徳性が必要不可欠

ノーベル経済学賞を受賞したジョセフ・スティグリッツ氏。氏は現代の「主流経済学」の原理に疑問を呈してきました。その原理のもととなった『国富論』の著者アダム・スミスを批判しています。

「アダム・スミスは間違っていた。『見えざる手』は存在しないのだ。（アダム・スミスの言葉は）ほとんどの人のためになっておらず、非常に少数の人間にだけその（言葉の）力が集中しています（貢献しているだけです）。我々は（このような）資本主義を刷新しなければなりません」[注1]

氏はまたこうも言います。

「この四十年、経済は新自由主義に支配されてきた。小さな政府、減税、金融や経済全般の規制緩和などです。『ネオ（新）』とつくのは十九世紀の自由放任的なリベラリズムの二十一世紀版だからです。二十一世紀にはその思想は捨てられるべきです[注2]」

氏はその時、ジョン・メナード・ケインズの言葉を次のように引いています。

「経済学は、本質的に道徳学であり、自然科学ではありません。経済学は内省と価値判断を用います。それに加えて、動機・期待・心理的不確実性を取り扱うのです[注3]」

右の「経済学は、本質的に道徳学である」とはどういう意味でしょうか。ジョセフ氏はそれを次のような具体例で表現しました。

「教師や看護師の賃金を決めるのは、市場ではありません。それは社会の集団意思決定に委ねられています。考えてみてください。私たちは何を大切に思いますか？　自らの子供たちです。親たちです。彼らが大切ならば、彼らの面倒をみる人々（教師や看護師）に（もっと）お金を支払うべきです。労働に見合う賃金をね。そのためには税金を上げなければなりません。ですが、それでもいいのです。なぜなら、子どもや親をケアすることは、人生で最も大切なことだからです[注4]（道徳的に考えた時、最優先されるべきことだからです）」

あの利潤追求を目指す「経済学」にも〈道徳性〉が必要だったのです！

堂目卓生氏の『アダム・スミス』でも、スミスの『国富論』の前提には『道徳感情論』という著作があり、スミスは経済（学）を成功させるには道徳性（フェア・プレイの精神）が必要であると考えていた、ということを論証しています。[注5]

一方、経済学者トーマス・セドラチェク氏も主流経済学の原理は**〈ホモ・エコノミクス〉**である、と批判します。ホモ・エコノミクスとは「利己的動機と利潤の最大化を合理的に目指す人間を原理（足場）にする経済学」のことです。[注6]

氏は、ホモ・エコノミクスという「足場・原理」は道徳性を欠いた人間をモデルにしているため、それによる社会や人々の生活への悪影響などを無視してしまい非現実的である、と人間学（人間科学・哲学・人文学）の視点から批判しています。[注7]

カント道徳の場合は〈善の定式〉が原理を担っているのであり、次の点で「主流経済学」の原理と大きく異なります。

「カント道徳」の原理は、そもそも人間社会が自己矛盾を起こさないようにするにはどうしたらいいか、という持続可能性を目指して措定《そてい》（存在するものとして定めること）されていると言えます。それに対して、主流経済学の原理であるホモ・エコノミクスは、人間社会が自己矛盾を起こして破綻しようとすまいとそれには関心がなく、ひたすら「目の前の利己的動機と利潤の最大化を、合理的に目指す」ことを目指して措定されています。この原理を考察するだけで、将来がどうなるのかを予想できます。やがて自己矛盾を来し（貧富の格差と分断が激化し）社会がバラバラとなって衰退し滅んでいくことが描けます。

この社会は、おのおのの〈**自立**〉で終わりではなく、自立した者同士がその能力を出し合って〈**相互依存**〉によって争いを回避し進歩し持続していくのですから。[注8] 貧富の格差や分断は相互依存の敵です。

要するにホモ・エコノミクスというものは、相互依存ではなく各自の利己的な自立が最終ゴールになってしまっているのです！

なお、日本の経済学者宇沢弘文氏の思想も道徳性を重視した経済学です。

宇沢氏は一九六四年にシカゴ大学の教授に就任し、当時市場原理主義者としてリーダーであり「主流経済学」の生みの親であったミルトン・フリードマン氏と同僚になり、フリードマン氏に面と向かって異議を唱えていたそうです。そして、アメリカ経済学界での評価が絶頂であった時、ベトナム戦争に異を唱えて、突然アメリカを去ったと言われています。[注9]

そして、その宇沢氏の薫陶を学生時代に受けたのが『不均衡動学の理論[注10]』で有名な岩井克人氏です。氏の理論の結論は、野放しの経済は「不均衡」になる宿命にあるから、人為的な介入が必要である、というものでした。

「人為的介入」が必要であるなら？

善への意志（道徳性）をもって介入を行うかそうでないのか……最終的には大きな違いをもたらすはずです。

注1　『欲望の資本主義』NHK・BS二〇一六年「夏」放映。注2でも再放映。
注2　『欲望の資本主義　二〇一三年夏、特別版』NHK・BS・二〇一三年七月三〇日放映
注3　同前
注4　同前

注5 堂目卓生『アダム・スミス』中央公論新社、二〇〇八年

注6 トーマス・セドラチェク著、村井章子訳『善と悪の経済学』東洋経済新報社、二〇一五年

注7 同前、第十二章

注8 第3章トピック1を参照のこと

注9 佐々木実著『今を生きる思想　宇沢弘文』講談社現代新書、二〇二二年

注10 岩井克人著『不均衡動学の理論』岩波書店、一九八七年

第2章 目先の幸福を追うと、かえって不幸になってしまうのはなぜか

もし〈幸福〉よりも〈善・徳〉を一歩優先する行動方針を持っていれば降りかかる不幸を「試練」と受け取り奮起へと転換することがずっと容易になるだろう。本当は、「ポジティブ思考」を持つには日ごろからのこの行動方針が必要だったのである。

1節　目先の〈幸福〉を追って不幸になる人々

目先の幸福を追って、結局はかえって不幸になっている人々のケースを列挙してみましょう。

・「人間は幸福になるために生まれてきたんだ」「人間の使命は幸福になることなんだ」という思いが強ければ強いほど、台風や地震などの天災に遭って不幸になった時のショックはかえって大きいものです。なぜなら、「自分の幸福」への思いが強いほど、現実の〈不幸〉との隔たりが大きく感じられてしまい、その格差の分だけ不幸感や絶望感は一層強く感じられてしまうからです。

・「美味しいものをたらふく食べたい」という〈幸福〉を求めてばかりいますと、様々な慢性病にかかる率が高くなり、難病という〈不幸〉を背負う危険性も増えていきます。

　もし健康体なら、毎日が自分の体の中から湧き上がる「生きる意欲」で満たされ、何をやっても面白く積極的肯定的になれますが、もし健康を害してしまうとどうでしょうか？　心が重く、何をやっても心からそれを楽しむことができず、行動も考え方も消極的、否定的になりがちです。

　同じ人生を生きながら、日々のこの違いは大きな違いとなりましょう。ですから、「美味しいものをたらふく食べたい」という〈幸福〉を控える価値はあるのです。「幸福欲望」をコントロールする価値はあるのです。

　なお、これは環境の悪化の問題にも通じます。豊かな物質文明を享受するのと引き換えに、人類は海と大気と地下水を汚染し続けてきました。それは回り回って人間の難病を引き起こす要素となっています。

・自分自身にふりかかる重い病や大けが、また家族の死というものは、生きている限りは絶対に避けられないものです。お釈迦様が言うように「生老病《しょうろうびょう》死《し》」は人間である限り絶対に避けられぬ宿命です。

　それなのに、「人間の使命は幸福になることだ」と疑いもなく信じてきた人は、そのような〈不幸〉が襲った時、その〈不幸〉をなかなか受け入れられずに苦しみますね。心乱れ、喪失感、失望感にひどくさいなまされて、神や仏を呪いたくもなります。幸福への期待が不幸感を深めるのです。これは論理的必然です。

・〈幸福〉になることが生きがいの人は、レストランに入る時にも幸福感を期待して入ります。けれども、自分の期待よりも劣ったサービスしか受けられないと、ひどくがっかりして、時には腹が立ってクレームをつけたくなることも多くなります。

勢いよくクレームをつけてその時には気分が高揚していても、しばらくたって冷静になるにつれて、後味が悪くなって不幸感が高まっているのに気づきます。

しかし、自分の〈幸福〉よりも「徳性を高め善を行うこと」を一歩だけ優先し、カントの〈善の定式1〉[注1]を自分の行動方針にして生きていたなら、これらとは真逆の展開になります。

たとえば、一瞬クレームをつけたくなる気持ちは本能的なものでもありますから、それはそれで認めてOKです。しかしその直後、その勢いには乗らず、別の〈道徳理性〉を稼働させることに意識を向けるのです。意識のバトンタッチをするのです。「他者を常に目的として扱いなさい」というカントの〈善の定式1〉をこの時にこそ思い出すのです（この意識の転換は日ごろから〈行動方針〉として心がけることで必ずできるようになります。これまで、私はこの方法で何度かトラブルを未然に防ぎ、むしろそれを転機として結果としての〈幸福〉へと導かれてきました）。

それができるようになりますと、相手に対する不満に代わって、「自分自身にも問題があるのではないか」と考えをめぐらすことができるようになります。あるいは、店員さん自身が何か人生上の問題に苦しんでいるのかもしれない、と思いをはせることもできるようになります。また、「人間だもの、誰でも間違いはするものだ」という人生観も育っていきますから、自分の怒りを解消してしまうのもさらに容易になっていきます。

そうやって好循環が始まっていくわけで、結果として〈幸運〉をつかむチャンスも増えていることに気づきます。

私の場合は、お店の従業員がミスをした時、一瞬「ムッ」としてしまった場合でもすぐに意識を切り替えてにっこり微笑みながら「問題ありませんよ」「人間だもの間違いはありますよ」と言うことに決めています、行動方針として。

するとどうでしょう。クレームを恐れていた相手の硬い表情が、ほっとしたような柔らかな表情に変わります。そして、その場の雰囲気が一気に穏やかなものに変わるのです。それはとても気持ちの良い瞬間です。それは私にとっても〈幸福〉な瞬間です。ましてや、いつも行くコーヒーショップなら、それを機にお互いに心が通じ合い、楽しいひと時に毎回出会えることになります。

でも、もしムッとしたままに怒りをぶつけてしまっていたらどうでしょうか？　怒りは相手だけでなく自分自身をも焼き尽くすものですから、後からそれは不幸感としてくすぶり続けていくものです。

・国と国との争い。それぞれの国には長い歴史の中で培われてきた伝統（宗教や慣習や国民気質や共通価値観）があります。それはその国にとっての〈正義〉であり、国民にとっては大切なアイデンティティーであり、それを維持し守ることで国民は幸福感に満たされます。つまり、それぞれの国にはそれぞれの〈正義〉があり、それぞれの〈幸福〉の内容があるというわけです。

そのように、宗教や慣習や政治的主義は国によって大きく異なる場合も多いのに、相手国に自国のそれを強要するようになりますと、そこにどうしても争いが始まってしまいます。アラブの正義とアメリカの正義、日本の正義と中国の正義がその例です。〈幸福〉を人間の使命と考えて「自分の正義」を振りかざしている限り、争いが生まれてかえってもっとずっと深刻な〈不幸〉に導かれていくのです。しかも、その結果行き着いてしまう戦争たるや、これほど多くの人々に深い〈不幸〉をもたらすものは他にありません。つまり目先の〈幸福〉を追ってかえって大きな〈不幸〉を後から背負い込むというわけです。つくづく愚かなことであると思いませんか？

・自分たちだけの世代の〈幸福〉を求めてきた結果が環境破壊であり、そのために癌《がん》患者も増加の一歩です（今や日本人の二人に一人が癌になる時代です）。癌を宣告された時の恐怖と苦痛は、今味わっている文明的な進歩による〈幸福〉を一瞬のうちに吹き飛ばしてしまいます。癌を宣告された人は農業社会の江戸時代の人々よりも〈幸福〉だと本当に言い切れるでしょうか？

物質的豊かさの背後で、〈幸福〉を失わんとしているのが、現代社会と言えましょう。

以上見てきましたように、〈幸福〉というものへの思いが強ければ強いほど、〈不幸〉の傷も深くなってしまうものです。つまり、「人間の使命は幸福になることだ」という思いが強ければ強いほど、〈不幸〉もまた多くなり深刻になるという逆説が起こってしまう、それが「半分」の真実であると言えるのではないでしょうか。そして、これは当人にはなかなか気づけないことなのですが、自分の〈幸福〉を最優先して生きている人は次のような行動に陥りがちです。

スマホのメールを見ながら人混みを歩いたり、電車の閉まろうとしているドアに飛び込んだり、信号を無視したり、前を走る制限速度より遅い車にイライラして腹が立ったり、レジ前のお年寄りのゆっくりとした動作に我慢できなくなって文句を言ったり、レストランでの従業員のミスに大声でクレームをつけたり、ＳＮＳで自分と違う意見に腹が立って攻撃を始めたり……と、そんな姿ばかりになっていきます。

いずれも、一瞬のイライラまでは自然な感情で仕方ないのですが、それを我慢できなくなり文句や攻撃をせずにはおれないところが問題なのです。**道徳理性**の力があればそのイライラは解消できるものなのです。日ごろから〈善の定式〉を目指す修養をしているのなら。

ＳＮＳの場合の誹謗中傷《ひぼうちゅうしょう》は「阿修羅《あしゅら》の正義」を振りかざしている場合が多いと思われます。阿修羅界は、仏教の「六道《りくどう》」においては人間界よりも格下の世界です。[注2]

このような姿をはたから冷静に見たなら、どんなふうに見えるでしょうか。一度冷静に想像してみたいものです。せせこましくて、あくせくしていて、抜け目なくて、醜い姿に見えるのではないでしょうか。要するに人としての品格がどんどんなくなっているのです。「自分の幸福」を唯一の生きがいとしている人は！

そして何よりも〈相互依存〉を軽んじてしまうので、社会全体において〈幸福〉が萎《しぼ》んでいかざるを得ないという論理的必然性を忘れてはなりませんね。今の日本はまさにそんな状況と言えましょう。

注1　第5章1節を参照のこと

注2　仏教の「六道」とは、格上から、天上界↓人間界↓阿修羅界↓畜生界↓餓鬼界↓地獄界となっている。「阿修羅の正義」を振りかざすのは「人間」より格下の者のすることであるから避けるべきだというのがその教えである。

2節 〈幸福〉を追って〈幸福〉になった人でも危ない

そうは言っても、〈幸福〉を追うことによって実際に〈幸福〉になっている場合もあるはずです。大金持ちになりたい、という幸福願望を抱いて必死に働いて、実際に大金持ち（幸福）になった人もいるでしょう。そういう場合もあることを認めましょう。しかしその場合、「徳性を高め善を行う」道を歩みながら成功したかどうかがやはり最後には問われてきます。

もし成功のために善・徳を無視して敵をたくさんつくってきたのならどうでしょうか。わからぬように法を犯したり、不正をしたり、人をだまし裏切ることで大金持ちになれたとしたらどうでしょうか。その場合には大金持ちになったことに見合っただけの不幸の種をまき散らすことになるでしょう。

そのような場合、金持ちになった彼によって以前嫌な思いを味わった人々は、彼に対する恨みつらみを忘れませんから、何かのきっかけでその恨みつらみが正義感と相まって一気に爆発して「告発」が為されるということも、よくある話ですね。元・日産社長のG氏のように。

つまり、大金持ちになるまでの方法・手段が後から問われるわけです。どのようにして大金持ちになったのか、成功したのか、そのプロセスが後から問われるわけです。徳性が高くありながら、悪を退けての範囲で金持ちになったのかそれとも「他者を手段としてだけ利用し、ずるがしこくぬけめなく法令を犯したり法令ギリギリのところをくぐりながら反道徳的にお金持ちになったのか」が問われるというわけです（昔のホリエモンのように）。

やはり、徳性を磨きながら悪を犯さない範囲でないと、その〈幸福〉は究極の場面で破綻《はたん》してしまうという傾向にありましょう。

なぜだかわかりますか？

道徳を侵すと、カントのいう「自己矛盾」が生ずるからです。というのは、社会というものは本質的に〈相互依存〉によって成立する構造をもっているからです。その〈相互依存〉は人々に善・徳を要求します。「三方善し」（自分よし、相手よし、社会よし）の精神を要求します。

3節 〈善・徳〉を求めることで〈幸運〉が巡ってくる

それでは、これらと反対に「徳性を高め善を行うこと」を人間の第一の使命としたなら、どうなるでしょうか？

そのような場合、襲いくる〈不幸〉も徳性を高めるために与えられた試練にすぎない、と順当に受け入れる道が開けてきます。「人間の使命は〈幸福〉になること」と考えているよりもはるかに容易に「逆境」を受け入れることができます。それはすなわち、結果として〈不幸〉が半減するということです。

仏教で四苦とされる人間の「生老病死《しょうろうびょうし》」は避けがたい宿命ですからすべての人に必ずいつかはやってくるもの。この宿命に対して、受け手の側の「心構え」「行動方針」が〈善・徳〉を優先するのか〈幸福〉を優先するのかが、いざという時の幸・不幸感を決定的にするのです。

また、自分の求める〈幸福〉が相手の〈幸福〉を邪魔してしまうような時があります。遺産相続の場合がそれです。そのような時、〈善・徳〉を求めて生きている人は、迷うことなく自分の〈幸福〉を抑制して相手に譲歩することができましょう。なぜなら、「他者を大切にしようとする意志」の実践こそが徳性を高めることであり人間の使命であり、人生の最高価値だと考えるからです。そして、やがてそこに生きがいを感ずるようにもなるからです。そして、その場合、結果としての〈幸福〉を感ずることも、実はできるのです。

例えば兄弟で親の遺産相続をする場合で考えてみましょう。
自分の幸福よりも徳性を高め善を行うことを行動方針にしているなら、相手よりも少なめに相続することさえ、迷うことなく選べますね。そうした場合は相続争いは起こりませんし、その後も末永く兄弟仲良く暮らすことができますね。兄弟同士が遺産相続を機に仲たがいするのと、逆に、死ぬまで仲良く助け合いながら暮らせるのとでは、残された人生の幸福度は全く違ってきますよね。また、相続争いが起きた時の「憎しみ」というものは相手だけでなく実は自分をも焼き尽くしていくものであることも見逃してはなりませんね。

また徳性を高め善を行うことを自分の第一の行動方針にしているなら、ころころ変わる感性（欲望）に対して、次第に冷淡にもなれるでしょう。つまり、過度な執着を持たないようにもなって「煩悩」が少なくなっていくでしょう。

あるいは、これまで自分の情念が強すぎてそれに翻弄《ほんろう》されていた人は、まさにその情念のエネルギーを〈善の定式〉の実践に転化してぶつけていくことで「悪しき情念」からの自由が拓けてくることでしょう（これを「昇華」と言いますが、私自身の体験でもあります）。

このようにして幸福欲望から自由になることで目先の損得に振り回されなくなり、本来の目標に集中できるようになりますから、夢見ていた〈自己実現〉が容易になっていきます。つまり後から、〈自己実現〉という「別の種」の自由度が増すことになります。この〈自由〉の方が実ははるかに大きくて深い〈幸福〉を感じられるのも確かなのです！　論理必然的にも〈幸福〉の最大量が得られていくわけです。

このように、カント道徳は〈不幸〉を〈幸福〉に転換してしまうのに大いに貢献するのです。生きる目的が「自分の幸福」ではなく徳性を高め善を行うことであるため、理屈的に、〈不幸〉な目に遭っても絶望的になる必要がなく、むしろ自分の〈徳性〉を高めるための試練である、と肯定的にとらえることができるからです。その結果として前向きにあきらめずに進めるので、いつの間にか自分の夢、志を実現できてしまうことにもなるからです。

以上、あえて仮言的に考察してみました。〈幸福〉への執着が強い人たちのために。

第3章 カント道徳とはどういうものか（概観）

道徳性を持ったとしてもそれが必ずしも〈幸福〉に結びつくわけではない。それにもかかわらず、なお道徳性を求めて生きるところに、人としての尊厳と崇高性が生まれる。（カント）

1節　動機の点検が肝心

「カント道徳」では、道徳的行為の「動機」を点検することを重視します。つまり、「道徳法則に対する尊崇《そんすう》」が動機なのか、それとも自分（たち）の〈幸福〉が動機なのかをよくよく点検しなさいとしています。

その際、カント道徳での〈幸福〉の意味は**「自分や自分たちの、利や快や情念が満たされる状態」**のことに限定しています。そして、〈幸福〉は「道徳法則への尊崇」を邪魔するもの、むしろ対立するものと位置づけています。

アリストテレスの道徳以来ずっと信じられてきたのが「幸福と道徳との依存関係」でしたが、カントは両者を切り離すことから始めたのです。

実は、この動機の点検によって、自分の本心・本音《ほんね》が明らかにされ、まさにそこから真の〈道徳性〉への第一歩が始まります。

最初、私の講義を受けた多くの大学生たちは「自分はそこそこ道徳性がある」とうぬぼれていました。しかし、行為の動機を点検して愕然《がくぜん》としました。自分の「利や快」（つまり幸福）の実現こそが本音であり、その手段として〈善〉を行っていることに気づかされたからです。

〈幸福〉が本音であるのなら、嘘をつかなければ〈損〉（つまり不幸）になるよう時でも、嘘をつかないでいられる力は、一体どこから生まれるというのでしょうか？

いじめを止めようとすれば次は自分がいじめられるという不幸を予感している時、自分の安全（つまり幸福）を捨ててでもいじめを止めようとする力はったいどこから生まれるというのでしょうか？

ぜひ、この疑問についてじっくりと考え、答えを探してみてください。と言いますのは、ここにこそカント道徳の起源があるからです。この疑問を解決しようとして、カント道徳が創造されたと言えるからです。

古代ギリシャ哲学者のソクラテスは「肉体の欲する欲望」すなわち〈幸福〉にとらわれなくなることが〈真実〉への道だと考えていました。[注1]ですから、〈真実〉は「肉体の欲する欲望に振り回されている自分」にまず気づくことから解き明かされていくのです。

臨済宗円覚寺の元管長、朝比奈宗源《あさひなそうげん》老師は言います。

「(自分の中に本来備わっている)仏心が見えないのは、なぜか。それが煩悩《ぼんのう》のせいなのだな。煩悩にくらまされているのだから、その煩悩にとりあわないで、坐禅をすれば、かならずその『仏心』を会得《えとく》できる[注2]」

「煩悩」はソクラテス・プラトン道徳で言えば「肉体の欲する欲望」のことであり、カント道徳で言えば「幸福への欲望」と表現できます。また、「仏心」はカントの「道徳法則への尊崇」に置き換えることができます。その「尊崇」から生まれる「内実」は仏心そのものですから。

これらの考え方は、キリスト教の『聖書』にも通じます。

「この水を飲む人はみな、また喉が渇く。しかし、わたしが与える水を飲む人は、永遠に渇くことがない。それどころか、わたしが与える水は、その人の中で泉となって、永遠の命に至る水が湧き出る。[注3]」

「この水を飲む」とは、「自分の幸福を（第一に）求めること」であり、「わたしが与える水を飲む」とは、「（第一に）道徳法則を尊崇し、徳性を高め善を行うことを目指す」すなわち「自分と他者の人間性を常に目的そのものとして大切にする精神[注4]」へと置き換えが可能です。

しかし、〈幸福〉というものを「人間の第一の使命」と固く思い込んでいるうちは、聖書のこの考え方は受け入れ難いでしょう。

そこでちょっと考えてほしいのです。〈幸福〉は動・植物的生命としての人間が欲するもの、〈善・徳〉は精神的生命としての人間の欲するものであることを。この点に気づき納得できるかどうか、ここがカント道徳への第一関門です。

第十六代京都大学総長平澤興《ひらさわこう》氏は、脳神経解剖学者の立場からこう言います。

「その人間の生命を、さらに働きのほうから分けますと、三つとなり、人間の生命は三つの命が重なっておるのであります。一つは、植物的生命。植物は、草木の植物であります。植物的生命。第二は、動物的生命。第三は、精神的生命であります。この三つがちゃんと調子よく、この三つの働きが、うまくかみ合いませんと、きょうの健康はないのであります。（中略）

植物的生命というのは、胃だとか、腸だとか、肺だとか、内臓の働きによって営まれる生命であります。これはたとえば、呼吸をするとか、体液が循環するだとか、養分をこなすとか、そういうことでありまして、これは植物にも、動物にも共通の働きでありまして、この植物にも動物にも共通の働きを学問上では植物的作用というのであります。（中略）

動物的生命というのは、動物のように、外界の変化に応じて本能的に動くような、あちこちとび歩くような、恐ろしいものが来たら逃げるとか、好きなものが来たら食べるとか、うまいものがあったら、こっそり盗むとか、そういうふうな、本能的な欲望によって、運動を起こすような生命であります。これは動物が主にそうであります。（中略）

しかし、植物的生命が、いかにしっかりしておっても、動物的生命がいかにしっかりしておっても、それだけではまだ人間的生命にはならないのであります。人間が人間として、尊ばれるのは、また、人間の価値があるのは、それは精神的生命によるのであります。精神的生命こそは、人間を人間たらしめる最も大事なものであります。ものを考えて、精神的に、高い精神生活を行うということは、この精神的生命であります。

この高い、精神生活を行うためには、人間には、他の動物とは比較にならないような、どんな動物にもないような、すばらしい脳があるのであります[注5]」

カントもこれと同じ趣旨のことを『道徳形《けい》而《じ》上学《じょうがく》の基礎づけ』の第一章で述べています[注6]。加えて、中山元訳『実践理性批判1』の「人間理性の使命」（一七六～一七八ページ）でも述べています。

古今東西、そして宗教非宗教にかかわらず、行きつくところはみな同じです。それに気づかせてくれるのが「カント道徳」なのです。

注1　第4章1節を参照のこと

注2　朝比奈宗源『覚悟はよいか』ごま書房新社、二〇二三年、一〇六～一〇七ページ

注3　「ヨハネによる福音書」『新約聖書』四・十三―十五

注4　第5章を参照のこと

注5　平澤興『人間　その無限の可能性』新潟日報事業社、一九七九年、一一～一三ページ

注6　カント著、中山元訳『道徳形而上学の基礎づけ』光文社文庫、二〇一二年、三三～三九ページ

2節　キーワード〈形而上学・形而下学〉

私の「カント道徳」の授業を受講した大学生の多くは、最初のうちは拒否したい衝動に駆られるそうです。これまでの自分の人生で培ってきた道徳観・人生観を根底から否定されたように感ずるからだそうです。中には、それが耐えられなくて学びが一時止まってしまう学生もいるくらいです。

しかし、授業の三回目過ぎあたりから、実は間違っているのは自分の方ではないか、と思い始めるそうです。

特に、カント独自の**〈形而上学《けいじじょうがく》と形而下学《けいじかがく》〉**を学んだ時、そして著名な企業家稲盛和夫氏の生き方がカント道徳的であるのを学んだ時、ストンと受け入れられるようになったと言います。

形而上学？

多くの学生はこの言葉を聞いただけで一瞬思考が停止してしまうようです。しかし、自分の知らない新しい「世界」を知るには、そこはちょっとだけ一踏《ひとふ》ん張《ば》りする必要があります。「新しい葡萄酒《ぶどうしゅ》（概念）には新しい革袋《かわぶくろ》（言葉）が必要」なのです。難解語句に出会った時、この言葉がわかればきっと「新しい世界と出会えるはずだ」という確信を持ちましょう。そこが今後の人生の大きな分かれ目にもなりましょう。

カント独自の〈形而上学〉とは、理性を使って頭の中だけで、理想のゴールを措定《そてい》し（存在しうるものとして立て）、さらにそのための原理・原則（つまり基礎）を措定する〈場〉のことです。

その際、これまでの常識・経験・歴史による判断、あるいは人間の幸福欲望に負けた希望的判断には頼らず、「かくあるためには、必然的にかくあらねばならない」という論理的必然性だけに沿って、原理・原則を創造していきます。そして普遍的に通用する原理を追究します。この追究をカントは**〈推論〉**と呼んでいます。[注1]

たとえば、「人間の〈道徳性〉の完成のためには、幸福への欲望を道徳理性で自在に抑制できることが必要である。これができる人間を〈理性的存在者〉と名付けよう。そしてこれができることを特別に〈自由〉と呼ぼう。そしてこれができる道徳理性のことを特別に〈純粋実践理性〉と名付けよう…」

このように、本質を目指して新しい概念に新しい名付けをしていく作業、それが形而上における原理・原則の措定であり「基礎づけ」なのです。

一方〈形而下学〉とは、個々の現場に降りて、形而上の原理・原則を目標としながら（あくまで目標です）実践を努力する「場」のことです。そこでは幸福欲望も道徳理性も両方持った丸ごとの人間を前提にして、欲望深き人間がいかにしたら少しでも形而上の理想に向かって歩むことが可能かを考えながら**「上達の過程」**を具体化します。

その時、理想と同時に人間の欲望をも考慮に入れ、しばしば「二歩前先進のための一時的な一歩後退」を行います。そうすることで、教条主義的で狂信的な「強行」を回避し、柔軟に対応しつつ理想の実現を時間をかけて着実に目指します。これを「否定の否定の上達論」と言います。

「否定の否定」は弁証法の三大法則の一つであり、目指すべき目標を一度わきに置いて（最初の否定）、状況を整えることに専念し、状況が整ったなら、否定したことを否定し（二度目の否定）、本来の目標を実践に移すことを言います。注2

つまり、人間である以上は幸福欲望に負けて過ちをおかしてしまうのは仕方のないこと、と寛容に対応します。が、それで終わらず、大切なのはその後それを反省し、次にはどうしたらそのような過ちをしないですむかを考え、それを新たな〈行動方針〉に加えていく……という繰り返しの努力をしていくことになります。これを**「修**

養」と言います。

以上のような実践理論を考える「場」がカント独自の〈形而下学〉です。

一言で言えば、カント独自の〈形而上学〉とは、理想の原理・法則・基礎を創る「観念的な場」のことであり、一方、〈形而下学〉とはその理想を実践しようと意志して奮闘努力する「個々の現場」「実践の場」のことです。そしてこの場合の「意志」がカントの言う〈実践理性〉なのです。[注3]

昔、「地動説」がなかなか受け入れられなかったのと同じように、「カント道徳」もなかなか受け入れられてきませんでした。今もなお、です。それは、多くの研究者たちさえもが次のことを未だに理解できていないからでもあります。カントは言います（以下は夏目による要約ですが『』内がカントの直接の言葉です）。

「形而上で措定された定言命法は形而下の個々の現場においてはあくまで『実践的な完全さの原像として役立ち、道徳的な行為の不可欠な基準として役立ち、同時に比較の尺度として役立つ』[注4]」。

つまり裏を返せば、形而上の理想を形而下（個々の現場）でも必ず実践しなければならないと言っているのではない、ということです。形而下に降りた時には形而上の理想はあくまで目指すべき目標であり道徳の判断基準であり、ということは、形而上の義務は形而下では**「努力義務」**に緩められるということになります。

加えて大事な点を一つ。

カント道徳の場合、人間の第一の使命は「徳性を高め善を行うこと」ですが、だからこそ、それが実行しやすいように、日ごろから健康な身体と活力ある心を養っておく必要が生まれます。そのために、安全でバランスの良い食事と、適切な運動などを通して〈肉体〉の健康を保つことが必要となります。そうすることで第二のブレイン（脳）と言われている「腸」の中に住む微生物の気分も元気も良くなって、前向きに物事に取り組もうとする気力を生み出します。

あるいは、心が元気になるような社交や趣味や娯楽を適度に楽しんで日ごろから「鋭気（豊かで強い気力）」を養っておくことも必要となります。

つまり、この手の〈幸福〉を味わうことは「人間の第一の使命」を達成するための手段としてとても大切なことだというわけです。

カントは言います。

「ある意味では、自分が幸福になれるように配慮することは、人の義務ですらありうる。その理由の一つは、熟練をそなえ（知識や技能を鍛え）、健康であり、富を所有しているなど、幸福であることはみずからの（道徳的）義務をはたすための手段を含むからである。また他方では貧困であるなど、幸福の欠如が、みずからの（道徳的）義務に違反するための誘惑を含むからである[注5]」

※カントの〈推論〉はプラトンと異なり、人間の〈理性〉の可能性と自由にれっきとした根拠を置きます。が、プラトンの場合は〈肉体〉が死んだ後の〈霊魂〉に根拠を置いており、カントはそれを「空気（肉体）の抵抗がなければもっと自由に空を飛べる（道徳性を発揮できる）と錯覚するのと同じ過ちをしている」と批判しました。カント道徳は形而上の理論と形而下の実践論の二つそろって完成しますから、実践論まで読みこまないとカント道徳が「机上の空論」に見えてしまいますね（カント著、中山元訳『純粋理性批判1』光文社文庫、二〇一〇年、二九ページ参照）。

注1　カント著、中山元訳『純粋理性批判6』光文社文庫、二〇一一年、四七〜四八ページ

注2　三浦つとむ著『弁証法はどういう科学か』講談社現代新書、一九五五年参照

注3　第6章を参照のこと
注4　カント著、中山元訳『実践理性批判2』光文社文庫、二〇一三年、一六二ページ
注5　同前、七一ページ

3節 〈幸福〉よりも〈善〉を一歩だけ優先すべき

カントは人間の「幸福欲求」を否定したわけではありません。道徳問題にかかわる判断の場においてだけ、「幸福欲求」の優先順位を〈善・徳への尊崇《そんすう》〉の後に置いただけです。

しかしそれができるためには、人間の生きる使命の第一順位として「徳性を高め善を行うこと」を置き、それを身につける過程では「幸福欲求」を念入りに除去する修養段階が必要となります。ここにカント道徳の実践上の核心（重要なコツ）があります。

でも、なぜ第一順位に〈徳性・善〉を置いたのでしょうか？

それは、もし〈幸福〉を第一順位に置いたなら、この世界から「争い」や「戦争」が一向に減ることがない、原理的にそういうことになる、と行き着いたからです。

しかし、〈幸福〉よりも〈徳性・善〉を優先するなんて、歴史的・経験的にはなかなか考えられないことですから、カントは経験を超えて、つまりアプリオリに考えたことになりますね。

この時、四六時中「幸福欲求」を除去しようと努めるのが「修行」であり、それに対して、ある程度時間や場を限ってそれを努めるのが「修養」ということになりましょう。キリスト教の信者が日曜日の午前中に教会に行き、聖書の教えを学びながら自分の生き方を振り返るのも、この修養ですね。カント道徳は「修養」を勧める道徳なのです。

が、その「修養」の結果として〈幸福〉を得られたなら、それはラッキーじゃないか！　と、その〈幸福〉を肯定します。味わってください。

ただし、それに味を占めてその〈幸福〉が動機へと逆転してしまわないように、やはりカント道徳の原理に立ち返る「反省（修養）」を続けることが必要となります。

さらに、カント道徳では道徳問題に触れない生活場面でまで「幸福欲求」を除去すべきだとしているわけではありません。カント自身は、社交が大好きで、お昼時にしばしばゲストを招き簡単なコース料理にワインを傾けながら世間話をするのをなによりも楽しみにしていました。普段は自然に〈幸福〉を楽しんで良いのです。

ただ、**道徳問題にかかわる時には〈幸福〉より〈善・徳〉を一歩だけ優先すべきだ、それだけは努めなければならない、**と言っているだけなのです。そして、われわれの日常の大部分は道徳問題にかかわらない物事で埋められているのです。

これを別の視点からも説明しておきましょう。

カント道徳は、しばしば批判されているような「融通《ゆうずう》の利《き》かないガチガチの理想主義」ではありません。カントのあの〈定言命法《ていげんめいほう》〉なるものは、理想の理念や原理を創る観念的な場としての形而上《けいじじょう》で措定《そてい》されたものであり、形而上では絶対的で普遍的で揺るぎないものとしてあるわけですが、その定言命法が個々の現場に降ろされた時は（つまり形而下に降ろされた時は）努力義務にユルめられるのです。が、このような「二重性」も多くの研究者から理解されてきませんでした。今もなお……。

カントが「カント道徳論」を創る上で、同時並行的に創り磨いていたのがカント独自の〈形而上学・形而下学〉[注1]だったのです（一般的なそれとは違いますから気をつけて）。したがって、これを理解した時、初めて「カント道徳」というものがストンと肚《はら》に落ちるのです。

多くのこれまでの研究者はカント独特の〈形而上学と形而下学の区別と連関〉の重

要性を読み落としたままでしたから、そのために、「カント道徳」についての私（夏目）の解釈はこれまでとは違った内容を持つものになりました。

でも、なぜカント道徳は正しく理解されてこなかったのでしょうか？

カント独特の〈形而上学と形而下学〉の区別と連関がきちっとカントによって具体レベルで説明されてこなかったからです。抽象レベルではたくさん説明しているのですが。

加えて、カント自身が自分で新しい〈形而上学〉を創る過程にあり、応用の段階では十分それを生かしきれていなかったため、誤解されても当然の文章を残していたからです。「嘘」についての論文がその代表です。[注2] 多くの研究者はそれらに惑わされて「カント道徳」の真の姿を見失ってしまったと言えましょう。

しかし、私の解釈方法では、カントの複数の著書から、形而上の定言命法という「原理」や形而下の「原則」だけに焦点を当てて読み込み、それらを私自身の体験に落とし込んで味わい、その上で（カントの）もろもろの文章を「全体の整合性」を求めて解釈し、大学生たちの疑問に答える過程でさらに敷衍《ふえん》（原理に沿って新たな原則や理論を展開すること）を行ったのです。その結果、カント自身が書いている文章の中に原理・原則に違反している部分を発見でき、それを訂正しつつ理解を深めることができたのです。

たとえば形而上の「絶対義務」は形而下では「努力義務」になる、とはカントは直接には表現していません。が、ストア学派に対する批判的文章などを踏まえて全体のつじつまを合わせようとすると、どうしても形而下では努力義務にユルめられると解釈せざるを得なくなるのです。これは「論理的必然」の問題です（哲学の面白さはこの「論理的必然」を探し当てることでエビデンス（証拠）に代えられるという点です）。

コペルニクスの地動説も、星の運行の全体の整合性を求めていった末に思いつかれたものですね。しかし、カントの遺した一つ一つの「言葉」のレベルを絶対視して文章を読んでいるうちは、そのような解釈は不可能でしょう。

なお、カント道徳における〈幸福〉とは、アリストテレス倫理学から今日まで受け継がれてきたような一般的な〈幸福〉とは異なり、「自分（たち）の利や快や情念が満たされる状態」に限定しています。

つまり、アリストテレスの〈幸福〉には、徳を積んだり善を為すことに幸福を感ずるような場合も〈幸福〉としているのですが、カント道徳の場合はそれをいわゆる〈幸福〉とは明確に区分し、〈最高善〉へと引き上げて位置づけます。まさにそこに、カント道徳の理論上の工夫があるのです。

注1　第６章を参照のこと
注2　第９章１、２節を参照のこと

トピック一

人間のゴールは〈自立〉ではなく〈相互依存〉

自分の〈幸福〉を追えば追うほど〈不幸〉になっていくのは、むしろ必然的なこと

ここまで本書を読み進めてきた人で、「それでも自分は、〈幸福〉こそが人間の使命だ、として生きていきたい」と執着する人のために、仮言命法《かげんめいほう》的[注1]にお話しておきたいことがあります。あくまで、仮言命法的に……です。つくづく人間というものは「幸福を求める生き方」が好きなので。

実は、〈幸福〉を人間の使命として生きるより、「徳性を高め善を行うこと」を人間の使命として生きた方が、生涯にわたる長い目で見た場合は、全体の幸福量が多くな

ることは確かなのです。個人的にも共同体的にも、国家的にも、人類的にも。

なぜでしょうか？

それは、本質的に人間社会が〈相互依存〉で成り立っていることから生まれる必然的な結論です。いや、人間社会内だけでなく、人間と環境も相互依存の関係にあることをもっと自覚すべきでしょう。

どういうことでしょうか？

多くの人が、〈自立〉というものを人としての最終ゴールと考えているようですが、実はそうではないのです。それは錯覚なのです。

人は、オギャーと生まれた時から義務教育を卒業するあたりまでは、周囲の人々に依存することが中心になります。これを**〈他者依存の段階〉**と言います。自立に向けて周りに支えられながらいろいろ学ぶ段階です。

しかし、やがて思春期に入るあたりから、周りの扶助から離れて自らの意志によって生きたいと自立を目指し始めます。これを**〈自立の段階〉**と言います。

さて、多くの人がこの〈自立〉の完成をゴールだと錯覚しているようですが、しかし違うのです。次の段階があるのです。それは、自立した人同士が磨き上げた力を出し合い協力し合ってさらに高度な自己実現や社会実現を図る段階です。これを〈相互依存の段階〉と言います。これこそが本当のゴールだったのです。自立がゴールではなかったのです。これをちょっと図示してみましょう。

1　他者依存の段階（幼少期）

↓

2　自立の段階（思春期〜成人前期）

↓

3　相互依存の段階（成人中期〜。社会的・地球的人間のゴール）

〈相互依存〉の世界は、自分も活かされながら社会貢献できる世界です。とはいえ、おおよそ「自立」できるまでは、多少エゴが先だったり、野心が原動力になったりすることでしょう。それが若者というものです。寛容に受け止めるべきでしょう。

しかし、自立後もずっとそれだけで突き進んだ場合には、周囲との軋轢《あつれき》が増していって「自己矛盾」が生じ、破綻《はたん》する機会も多くなります。それは論理的必然です。

なぜなら、この世界は相互依存によって成立しているからです、あなたが望もうと望まないとにかかわらず。これは「構造的」なものです。

だからこそ、相互依存へと意識を導くために「道徳教育」というものも必要となってくるわけです。しかも仮言命法ではなく定言命法の道徳教育が。

相互依存こそがゴールである、ということについては、『7つの習慣[注2]』から学びました。目からうろこが落ちるとはこのことでしょうか。

ただし、誤解しないでほしいのは「道徳問題」に触れない場面においては自然に「自分の幸福」を求めて結構なのです。ただしその際でも、「徳性を高め善を行わんと意志する心のコップ」は、日常的に上向いていないとなりません。そのことで、必要とあらば幸福欲望を軽々と凌駕《りょうが》する（乗り越える）ことができるようになっていなければなりませんから。また、「道徳問題」に抵触《ていしょく》するときは、〈幸福〉よりも〈道徳〉を一歩だけ優先すべきだという点は一貫して目指さなければなりませんから。

注1　第4章を参照のこと

注2　スティーブン・R・ゴヴィー著、ジェームス・スキナー・川西茂訳「第二部」『7つの習慣』キング・ベアー出版、一九九六年参照

第4章 仮言命法と定言命法

「もしもわれわれがそもそも何かを純粋に知ろうとするならば、肉体（から生まれる欲望）から離れて魂（純粋な理性や道徳理性）そのものによって事柄そのものを見なければならないということである」（ソクラテス）。このような思考を行う観念的な場がカントの〈形而上学〉であり、プラトンの「イディアの世界」である。

今日の道徳教育の一番の問題点は、人間の本能的な**「共感性」**に大きく頼った道徳論となっている点でありましょう。共感性という感性はころころ変わりやすく普遍性がないことに気づいている人ならば、あくまでサイドメニューとして（しかし大切に）扱わねばならないということにも気づくはずです。

ルソーの著書に書いてあった[注1]ことですが、スッラやアレクサンドロス[注2]のような武力で王に上り詰めた人は、「憐《あわれ》みの情＝共感性」が人一倍深かったにもかかわらず、自分に背《そむ》く市民をいともたやすく絞殺《こうさつ》してしまう冷酷さがあったと言います。

このような例が示しているように「共感性」に頼る道徳教育の抱える本質的な問題を道徳教育界は無視したままでいいのでしょうか？[注3]

注1　ルソー著、中山元訳「憐みの情」『人間不平等起源論』光文社文庫、二〇〇八年、一〇四ページ

注2　スッラは紀元前一三七〜前七八年の王で、アレクサンドロスは紀元前三六〇年頃の王

注3　この問題については、第1章5節も参照のこと

1節　プラトンの『パイドン』をヒントに

「カント道徳」の考え方の源流には、はるか昔の古代ギリシャ哲学があります。プラトンの『パイドン―魂の不死について』には、「肉体」を悪の根源、「魂」を善の根源と明確に分離して考える「人間観」があります。次に載せるその一節は、ソクラテスが死刑を宣告されて牢獄《ろうごく》にいる時、脱出を説得しに来た弟子のパイドンたちに語った、ソクラテスの最後の言葉です。

「(前略) われわれが肉体をもち、われわれの魂がこのような悪と混合されている限りは、われわれはわれわれが望むあの真実をけっして充分に獲得することはできないだろうからだ。つまり、肉体は、それを養うことが避けられないために、無数の厄介《やっかい》をわれわれに背負わせるのだ。さらに、もしもなにかの病がわれわれを襲えば、それはわれわれの真実在の探究を妨害するだろう。肉体は、また、愛欲、欲望、恐怖、あらゆる種類の妄想、数々のたわ言でわれわれを充たし、そのために、諺《ことわざ》にも言われているように、われわれは肉体のために、何かを真実にまた本当に考えることがけっしてできないのである。じっさい、戦争や内乱や争いでさえ、他ならぬ肉体とその欲望が惹起《じゃっき》するものではないか。というのは、すべての戦争は財貨の獲得のために起こるのだが、われわれが財貨を獲得せねばならないのは、肉体のため、奴隷となって肉体の世話をしなければならないからである。こうして、これらすべての理由によって、われわれは哲学をするゆとりを失うのである。（中略）

　もしもわれわれがそもそも何かを純粋に知ろうとするならば、肉体から離れて、魂そのものによって事柄そのものを見なければならない、ということである（この思考を行う場がカントの〈形而上学〉であり、プラトンの「イデア界」です）。その時にこそ、思うに、われわれが熱望しているもの、われわれがその求愛者であると自称しているもの、すなわち、（その）知恵がわれわれのものになるだろう。その時とは、議論の示すところでは、われわれが死んだ時のことであって、生きている間は（その）知恵はわれわれのものにならないのである[注1]」

　哲学者ソクラテスは、生きている今よりも、むしろ魂が「欲望」から自由となる「肉体が死んだ後の世界」にあこがれを持っていました。そこでは迷わず〈真実〉を追求できると考えていたからです。

ソクラテスが死刑判決を受け牢獄《ろうごく》にいた時、弟子たちの手はずで逃げるチャンスもありました。が、ソクラテスはそれを断り、自ら死刑を受け入れて毒杯を煽《あお》ります。その時の理由がこの信念だったのです。

この時ソクラテスは、「肉体」を超越して「魂」に生きようとしている自分は、もはや「死刑を恐れていない」と弟子たちに話していますが、カントの〈純粋理性〉は、この時のソクラテスの理性のように（完全に同じではありませんが）、理論上人間の感性的なもの（肉体的で欲望的なもの）を超越した理性として措定《そてい》されています。カントはおそらくソクラテスのこのような考えからも学んだのでしょう。

引用文には「何かを純粋に知ろうとするならば、肉体から離れて、魂そのものによって事柄そのものを見なければならない」とありますが、カント的に表現しなおすならば、「魂」とは形而上の〈純粋理性〉（一切の欲望や煩悩や過去の経験に惑わされずに「真善美」の本質・原理を理論的に追求できる理性）のことであり、一方「肉体」とは形而下（個々の現場）における欲望や本能欲求に囚《とら》われた人間（感性的存在者）のことを意味します。

なお、ソクラテスが死刑を受け入れたもう一つ別の理由があります。それは、「自国の法を守る義務と責任」を果たすことでした。それによって法治国家の国民として「美しく正しく生きる」ことができると考えたからです（プラトン著『クリトン』参照）。

なお、第3章2節で触れた朝比奈宗源《あさひなそうげん》老師の言葉にも、ソクラテスの考えと同じことが書かれていて驚かされます。老師は言います。

「（お釈迦さまでも）有余《うよ》のあいだは、煩悩《ぼんのう》があった。有余とは、体のあるあいだ、生きているあいだ、ということだ。生きているあいだは、腹が減ればひもじいし、ひもじくなれば、食いたいという欲望がおこる。（中略）『覚者』になられても、体のあるあいだは、生老病死、苦はついてまわる。ところが、そのお釈迦さまが、息をひきとられる。すると、人間の肉体が一片の物質に化してしまうのだから、もはや煩悩のおこるよりどころがない。『無余』だな。余り無しだ。余りなく、完璧なる涅槃《ねはん》――お悟りに入られたのだ[注2]」

注1　プラトン著、岩田靖夫訳『パイドン――魂の不死について』岩波文庫、一九九八年、三五～三六ページ

注2　朝比奈宗源著『覚悟はよいか』ごま書房新社、二〇一三年、一二〇ページ

2節　「幸福になるための道徳」と「徳性を高めるための道徳」

「道徳」には二種類あります。その区別ができなかったことが、この世から争いや犯罪や戦争が一向に減っていかない原因ではないかと思われます。

一つは、人生の目的・使命の第一を〈幸福〉になることとして、自分が〈幸福〉になりたいという欲求を動機として〈善・徳〉を奨励したり実行したりする道徳です。ここでは〈善・徳〉は〈幸福〉になるための手段に貶《おとし》められています。カントはこれに**〈仮言命法《かげんめいほう》〉**という名をつけました。

もう一つは、人生の目的・使命の第一を「徳性を高め善を行うこと」とし、「道徳法則への尊崇《そんすう》」を唯一の動機として善を行う道徳です。カントはこれに**〈定言命法《ていげんめいほう》〉**という名をつけました。

ただし、この〈定言命法〉は〈幸福〉を第二の使命として認めます。そして、道徳問題に触れる場面では、〈道徳〉を一歩だけ〈幸福〉よりも優先することを努力義務としています。つまり、道徳を違反しない範囲での〈幸福〉であることを努力目標としています。

とは言え、人間の実生活（形而下・個々の現場）では道徳的判断を必要としない場面が圧倒的に多いわけで、そのような場面では自然に〈幸福〉を味わって良いのです。

ただし、いざという時に自分の幸福よりも善を優先できるためには、日ごろから「徳性を高め善を行おうとする心のコップ」を上向きにして**〈自己支配力〉**[注1]を養っている必要があります。

なお再度言いますが、カントの言う〈幸福〉とは、「自分や自分たちの、利や快や情念が満たされる状態」に限定します。そして、「善や徳を行うことに幸福を感ずる」場合の「幸福」は除外し、むしろ〈幸福〉をそれとは対極的なものとして位置づけます。両者の出自はあきらかに違うから、と。

つまり、純粋な〈善・徳〉の出自は「道徳法則への尊崇」ですが、〈幸福〉の出自は「社会的な欲望」や「本能的欲求」にありますから。

実は、この違いに着目した点に、カント道徳の優れた点があるのです。

しかし、古代ギリシャ哲学者のアリストテレスの道徳論以降これらの区別が明確になされないまま今日に至っているのが現状であり、だからこそ道徳教育の効果などは実際はかなり限定的なものであると思われます。半分効果はあるけれど、あとの半分はむしろ〈悪〉の火種を養っているようなもので、総合的にはマイナス効果の方が多いのではないか、と私は思います。

注1　第11章を参照のこと

3節　仮言命法とは

その1　定義

〈仮言命法《かげんめいほう》〉とは、自分（たち）の幸福への欲求・欲望を動機にし、自分（たち）が〈幸福〉になることを目的にして道徳的行為を奨励したり行ったりする方法のこと。そしてこの場合の「善への意欲」は〈幸福〉によって引き出される。

※ここでの〈幸福〉とは「利や快や情念が満たされる状態」に限定される。つまり、善や徳を行うことで得られる〈幸福〉は含めない。その〈幸福〉については〈最高善〉として位置づけられる。[注1]

仮言命法は、「こういう善いことをすると、こんな幸福が得られますよ。だから善いことをしましょうね。悪いことをしたら幸福が逃げていってしまいますよ」というふうに〈幸福〉への欲求・欲望を動機や目的にして道徳的行為を奨励したり行ったりする方法のことです。日本昔話の『つるの恩返し』や『かさじぞう』、またイソップ童話の『金の斧《おの》 銀の斧』『よくばり犬』などの教訓的な物語や寓話《ぐうわ》が仮言命法の道徳です。ですから私たちは幼いころから知らず知らずのうちに仮言命法の道徳にどっぷりと浸かってきたのです。

しかし、「善いことをしたら幸福になれますよ、だから善いことをしましょうね。悪いことをしたら幸福が逃げていってしまいますよ」という仮言命法には、自分の利や快や情念の成就《じょうじゅ》が認められそうもない時には、道徳的な行為をする「動機」を失って意欲をなくてしまう、という致命的な欠陥が裏側に貼りついています。

それればかりでなく、そもそも人間の使命（生きる意味）として〈善〉よりも〈幸福〉を優先しているので、幸福になるためならば〈悪〉（たとえば嘘や盗みなど）を行って何が悪い、ということにも（最後には）なっていくのが論理的必然です。芥川龍之介の『羅生門』の「下人」のように[注2]（このように「論理的必然」を発見していくことが哲学の面白さでもありますね）。

たとえば、いじめを見て見ぬふりをするのはなぜでしょうか？　官僚が、悪いことだと知りながら公文書改ざんをしたのはなぜでしょうか？　いずれも、自分の〈幸福〉のために、ということになりませんか？

つまり、自分の〈幸福〉を人生の最優先順位に置いて、損得・快不快・合理不合理を抜け目なく思慮して道徳的な行為を積み重ねれば積み重ねるほどに、おそらく世の中の半数の人々は、損になる場合や不快になる場合には道徳的な行為を選択できなくなってしまうという性格が強化されていくという、恐ろしい欠陥が隠されているのです。「これが果たして本当の道徳教育と言えるのだろうか？」……カントはそう批判したのです。

カントは言います。

「この原理（仮言命法の原理）が道徳性の支えにしようとしている動機は、人を有徳な行動に向かわせる動因と、悪徳に向かわせる動因を同じような種類のものとして扱い、巧みに計算することばかりを教えて（どちらを選択したら自分が幸福になれるかを抜け目なく算段することばかりを教えて）これらの動因の種的な違いをまったく消滅させてしまうので、道徳性の土台を掘り崩し、その崇高さを完全に破壊してしまう[注3]」

たとえば、文部科学省から出された『わたしたちの道徳（小学校一、二年）』には、「よいことをすると、とても気もちがいいよ。よいと思ったことは、どんなに小さなことでもすすんでやろう。[注4]」とあります。表側には「気持ちがいいから善いことをしよう」というメッセージがあり何の罪もないように見えますが、その言葉の裏側には「気持ちが良くない場合には善いことをしなくてもいいよ」という無言のメッセージが貼りついています。

これが仮言命法の道徳であり、気持ちが良くない時には善を選択できない性格、つまり〈幸福〉を優先して〈悪〉に鈍感となる性格を強化していくことに道を拓いていきます。

注1　第10章4節を参照のこと
注2　『羅生門』のこの解釈については8章5節を参照のこと
注3　カント著、中山元訳『道徳形而上学の基礎づけ』光文社文庫、二〇一二年、一七五ページ
注4　文科省編『わたしたちの道徳（小学校一、二年）』文渓堂、二〇一四年、三二ページ

その2　「はしの上のおおかみ」での応用例

では、小学校低学年の定番教材「はしの上のおおかみ」という教材でちょっとその点について考えてみましょう。まずはあらすじを。

（「はしの上のおおかみ」あらすじ）

長ーい橋の真ん中で通せんぼして、自分よりも弱い動物たちを追い払うことに快感を覚えていたおおかみが、ある日、自分より大きいくまと橋の上で出会ってしまう。あわてて後戻りして道を譲ろうとしたおおかみに、くまは「それにはおよばないよ」とおおかみを優しく持ち上げて通してあげた。そのくまの行為に痛く感動したおおかみは、いつまでもくまの後ろ姿を見送っていた。

翌日からおおかみは、橋の上を通る動物たちを待ち伏せて、まずはうさぎを同じように優しく持ち上げて通してあげた。すると通せんぼするよりもずっといい気持ちになった。そこで、「これにかぎるぞ」と今後の行動方針を決めて、晴れ晴れとした気持ちになったのだった。

さて、この作品において、仮言命法に沿って主人公・おおかみの「最大の心の転換」を探しますと、終盤の次の部分になります（が、定言命法では違ったところになります）。

「くまのまねです。おおかみはうさぎをだき上げて、どっこいしょと、後ろへそっと、おろしてやりました。『えへん、へん。』いい気もちです。ふしぎなことに、前よりずっといい気もちです。『これにかぎるぞ。』おおかみは、気もちが晴れ晴れとしました。」

この箇所に見られる「快感」（つまり幸福）という価値観から見た「心の転換」は二か所あり、一つ目は

「弱い者いじめをする面白さ・快感」

↓

「弱い者に親切にした方がずっと気持ちが良いと気づく」

という「心の転換（変化）」です。ここまではただそれに気づいただけです。が、よ

くよく読んでみますとそれで終わってはいません。「いじわるするよりもずっと気持ちがいいから、『これにかぎるぞ』」と、さらなる転換があります。

ここでは抜け目ない「理性」の稼働によって「行動方針」が立てられています（文脈からそれが読み取れるはずです）。つまり、「善いことをすると気持ちがいい。だから、これからはその気持ち良さを動機と目的にして善いことをしよう」という、〈快〉すなわち〈幸福〉を動機とした行動方針が決意されているのが文脈からわかるはずです。〈善〉を行う動機と目的が「自分の幸福」として明確に位置付けされたのです。

この一番後者の心の転換を重視する解釈の場合には、善の動機と目的を、気持ち良さ・快感、すなわち自分の利や快や情念が満たされる状態（これをカントは〈幸福〉と呼びました）に置いて授業展開することになります。これが、カントの批判する仮言命法の道徳です。〈幸福〉になることを動機と目的にして善を奨励しようとしているからです。

なぜこれがだめかと言いますと、自分が〈幸福〉を得られそうもない時には、善を行う動機を失ってしまい、〈普遍性〉が保証されないからです。カントは〈普遍性〉を求めて道徳の基礎・原理を創ろうとしていた人なのです。

本当の道徳性というものは、たとえ自分に利や快がなくとも、それとは無関係に

善・徳を行わんとする意志のことではないでしょうか（このことで普遍性が実現します）。

そのような意志が鍛えられる授業でなければ、やってもやらなくともあまり変わりはないのではないでしょうか。なぜなら人間は、自分に利や快が見込める時には、特別に道徳を教えられなくとも抜け目なくいそいそと善を行う傾向にあるからです。

しかし、本当に大切なことは、自分に利や快が見込めそうになくとも、悪をしりぞけ善を行えるようになれるかどうかです。そのような道徳原理・基礎を創った時、初めて〈普遍性〉が保証されるのです。そして、それこそが「本当の道徳教育」と言えるのではないでしょうか。

※ただし、おおかみの「良心」が感応して「気持ちが良くなった」と解釈した場合は、この行為を続けることで「良心」が育てられていき、やがて「幸福欲望」よりも「良心」に動機を置いた生き方に変化していくことでしょう。

実はこのお話の原作にはつづきがあり、まさに人格的変化を起こして森の動物たちから信じられて「善人」へと変化していくおおかみの姿が描かれています。

単なる「幸福欲望」に終るか「良心の成長」につながっていくかの分かれ目は、その共同体の人々から「信じられ信頼されているか否か」に懸かっているのではないか、と私は考えていますが、いかがでしょうか。

4節　定言命法とは

その1　定義

〈定言命法《ていげんめいほう》〉とは、一切の「私利私欲・利や快への欲望」を念入りに除去して、「道徳法則に対する尊崇《そんすう》」だけを動機として（まさにこれだけを動機として）、「徳性を高め善を行うこと」を人間の一番目の使命として（幸福は二番目の使命として認める）、自分の意志で道徳的行動方針を立て（自己立法である）、自らそれを大切だと思って自分に義務づけして道徳行為をする、そういう方法のことである。そして、この場合の「善への意欲」は「道徳法則に対する尊崇《そんすう》」から生まれる。

※〈道徳法則〉とは、たとえば「嘘をついてはならない」「人の命を奪ってはならない」「人を蔑《さげす》んではならない」「盗んではならない」などなどのことになります。ただし、カントはあえてこのような具体的な道徳法則を示すことには反対していて、説明上で必要な範囲でしかそれを示しませんで

した。なぜだかわかりますか？

〈自己立法〉こそを重視したからです。自分の意志の自由において行動方針を立て、それが道徳法則として普遍化できるように、自分で工夫し努力することこそを最も重視したからです。そうでなければ、本当の道徳性を鍛え育てることはできないと考えていたからです。

なお、道徳的な人へのあこがれも「道徳法則への尊崇」の範囲内です。

では、「道徳法則への尊崇」はどのようにして生まれうるのでしょうか？

形而下の人間にとっては（つまり主観的には）、それは、〈目的の国〉の価値を知ることで可能となることでしょう。〈目的の国〉とは〈善の定式〉[注1]を目指す国民が大多数になることで生まれる、争いや犯罪のない国のことです。自己矛盾を来さず持続可能性を持った国です。さらに、他国を目的そのものとして扱う国のことです。〈道徳法則〉というものが、最終的にはそのような〈目的の国〉への道であることを知った時、形而下の幸福欲望を持った人間でも道徳法則の持つ崇高な価値に気づき、「関心」が生まれ、やがて「尊崇」へと結晶していくと言えるのではないでしょうか。[注2]

この定言命法の立場に立ってあたりを眺めますと、これまでとは全く違う世界が見えてきます。

たとえば、〈正義論〉と〈道徳論〉の区別が可能となってきます。カント自身はこの点を明言してはいませんが、定言命法の原理から次のことが敷衍《ふえん》（押し広げ応用すること）可能となるのです。

定言命法の創見によって、〈正義論〉は「幸・不幸」を巡っての領域であり、〈道徳論〉は幸不幸とは無関係に「善・悪」を巡っての領域である、と区別することが可能となった[注3]。

右のように区別することが可能となってくるのです。それによって、〈正義〉のための戦争はありえても、〈道徳〉にかなった戦争というものはあり得ないことが明言できるようになり、第5章の〈善の定式〉に沿うなら、結局どのような戦争も〈悪〉であると断言できるようになります。この理論は「非戦」への大きな力となることでしょう。

またSNSなどで、正義を盾にして相手を誹謗中傷《ひぼうちゅうしょう》することは、決して〈善〉ではなく〈悪〉であることにも気づくことになります。他者を自分の〈情念〉を満たすための「手段」におとしめているからです。カントの〈善の定式〉に沿うなら、他者を常に「目的」として大切にしなければなりませんから。

また、なぜ「いじめ」がなくならないのかや、日本の官僚の「忖度《そんたく》」問題のような事件がなぜ頻繁に起こるのか、その原因と対策がわかってきます。両方とも自分の〈道徳性〉が自分の〈幸福〉への欲望に負けたからです。

〈道徳性〉を磨くには善行の動機を「自分の幸福」に置いていてはダメなのです。人生の目的の最優先順位に「自分の幸福」を置いていてはダメなのです。それを超越した（克服し乗り越えた）動機や人生目的でなければダメなのです。なぜなら、〈幸福〉にはピンからキリまでの幅があり、他者に危害を加えて成立している〈幸福〉も予想以上に多いからです。このようなあいまいな意味を持つ〈幸福〉という言葉は、とてもじゃないが道徳教育の基礎に置けるわけがないのです。

そのことに気づいたカントは、動機も目的も「自分の幸福」に置かない道徳にはどんなものがあるだろうか、と創造の翼を広げて考え始めました。

それを考える時には、これまでの「人類の経験」「共同体の常識」を超える（影響を受けない）ことが必要でした（これがカントの『純粋理性批判』で多用されている「超越論」という言葉の意味になります。そして、「経験」に影響されない在り方を「アプリオリ」と表現しました）。

なぜならこれまでの人類の経験では、〈幸福〉を巡って〈幸福〉になるために、道徳を「手段」におとしめてきた場合が圧倒的に多かったからです。その人類の経験（認識）に基づく限り、人類全体の道徳性の向上は期待できない、そうカントは気づいたのです。そればかりでなく、互いの〈幸福〉を巡って争いが多くなってしまうので、人類全体の〈幸福〉の総量も最終的には減っていくことにも気づいたのです。

では、どうしたらよいのでしょうか？

人類のこれまでの経験を超えて、新たに創造する以外にない、そう考えたのです。そこから、カント独特の〈形而上学・形而下学〉も一緒に誕生していきます。詳しくは6章で説明しますが、簡単に言えば、これまでの経験的判断をひとまず無視した「場」で、理想のビジョン、ゴールを新しく構想し、そのゴールを支える基礎的原理を導き出す場が形而上学です。

一方、そのようなビジョンを個々の現場で実践化するための戦略を練る場が（カントの）形而下学です。そこでは人間の幸福欲望・煩悩も十分考慮しながら（つまり人間学を活用しながら）戦略を練る必要があるわけで、そのために、しばしば**「否定の否定」**という弁証法が多用されていきます。これは、「二歩前進のための一時的な一歩後退」の戦略のことです。その戦略について、カントはこう言います。

「たしかに、まだ教養を積んでいない人や粗野になった人の心を、まず道徳的な善の軌道に乗せるためには、その人の心を利益によって誘導したり、不利益によって脅かしたりといった種類の予備的な指導が、いくつか必要とされることは否定できない[注4]」

その2「はしの上のおおかみ」での応用例

さて、先の「はしの上のおおかみ」の定言命法に沿った「最大の心の転換」は作品の中盤の次の場面です。

「くまは、おおかみを、かるがるとだき上げてどっこいしょと後ろへそっと、おろしてやりました。おおかみは、はしの上に立っていました。くまの後ろ姿を見ながらいつまでも……。」

この後半箇所に見られる「おおかみ」の〈心の転換〉は、

「自分の腕力の強さに奢《おご》って弱い者いじめすることにおもしろさ（**快感＝幸福**）**を感ずる心」**

↓

「自分よりも腕力の劣る者をいたわる優しく謙虚なくまの行為への感動→尊敬→あこがれ」

…という転換です。この心の転換を最重要と考える道徳は定言命法の道徳になります。なぜなら、決して「気持ちがいいから善いことをしよう」という動機ではないからです。〈幸福〉にその動機を置いていないからです。くまが自分にしてくれた行為（善行）に対する感動と尊敬とあこがれから、くまの真似をするようになったからです。くまの道徳行為に対するおおかみの**「良心の感応」**が動機の出自（出どころ）だからです。

定言命法の場合、善を行う動機は「道徳法則に対する尊崇《そんすう》」です。ただし、道徳行為者への尊崇・憧れもその動機として認めることになります。やがては道徳法則そのものへの尊崇へと育っていくからです（これは夏目の考えです）。

なお、「くまへの感動やあこがれ」も「快」の一種であり〈幸福〉に相当するのではないか、というツッコミもなされそうです。しかし厳密に調べますと、これは「良心の感応」であり「幸福欲望の感応」とは一線を画することが可能です。出自が異なるのです。実は、ここに一線を画したところに、カント道徳の優れた点があるのです。

この定言命法の立場に立ちますと、たとえば「いじめ」がなぜなくならないのかや、日本の官僚の「忖度《そんたく》」問題のような事件がなぜ頻繁に起こるのか、その本質的原因と対策がわかってきます。これまで見えなかった景色がいろいろと見えてくるのでワクワクしてきます。

※夏目によって右のような内容の論文が二〇一六年の「日本道徳教育学会第八八回大会」と月刊誌『道徳教育』（明治図書、二〇一六年十二月号）で発表された。そして、二〇一九年からの小学校道徳教科書以降からは、末尾の「『これにかぎるぞ。』おおかみは、気もちが晴れ晴れとしました。」と

いう一文は削除されるようになった。

注1 第5章を参照のこと

注2 カントは言う。「知性界の理念（それは個々の現場で道徳的に判断する理性の世界のことであるが）は、理性的な存在者にとっての目的そのものである〈普遍的な国〉（目的の国）という崇高な理想によって、道徳的な法則にたいする生き生きとした関心をわたしたちのうちに呼び覚ます」（カント著、中山元訳『道徳形而上学の基礎づけ』光文社文庫、二〇一二年、二三二ページ）

すなわち、〈目的の国〉の実現こそが人間社会のすべての自己矛盾を解消していく原因性となるために、まさにそこに、人間は強い関心を抱き、さらに尊崇を抱く、と述べているのである。

注3 第8章を参照のこと

注4 カント著、中山元訳『実践理性批判2』光文社文庫、二〇一三年、二一八ページ

5節　学生たちの感想・疑問・意見に答える①

ここまでを読んだ学生たちのツッコミをちょっと紹介します。

（学生D）

たとえば「自分に利や快がなくとも善・徳を行わんとする」ということは自分よりも道徳法則の遵守《じゅんしゅ》を優先するということかと思うのですが、その「道徳法則」とは誰が定めたものなのでしょうか。それとも人間が社会生活を営むうえで形成されたものなのでしょうか。少なくとも共通認識として存在し、個人によって個人のために存在するものではないと感じました。

（著者からのコメント）

とても良いところに気づいています。誰が決めたのか？

カント道徳の場合は、幸福欲望に全く振り回されない〈純粋理性〉だけが認識できる「論理・道理」「必然性に沿った推論」が決めたのです！　つまり、これから学ぶこととなる〈純粋理性〉が決めることになるのです。その〈純粋理性〉によって創られたものが〈善の定式〉です（次章で説明します）。

なおカントは、道徳法則に沿って思惟し意志する〈純粋理性〉を、特別に〈純粋実践理性〉と名付けました。

一方、人間が社会を営むうえで形成されたものは地域ごと、国ごとに異なるものが多く、それを風俗、慣習と言い、「カント道徳」とはその起源・出自を異にします。この点こそがこれまでの道徳との大きな違いです！　カントは、地域や時代によっても変わらない普遍的な道徳理論を目指し、この発想に行き着いたのです。

加えて、理性を持った人間は「真理」に感動しそれを大切にしようとする理性本能を持っています。「カント道徳の理論が、自己矛盾を来さず、自分と他者と社会と世界の持続可能性を保証している」という点を理解した瞬間、人はそこに真理なるものを感じ、それが「道徳法則への尊崇《そんすう》」に発展して根源的な動機になると言えるのではないでしょうか。そして、この場合は理性の感応です。つまり、感性を司る脳の旧皮質だけでなく理性を司る新皮質も感応するのではないか、というわけです。日ごろから理性を鍛えている人であればあるほどに。

なお、ルソーの「一般理性」が道徳法則を決めた、と表現することも可能です[注1]。

次の学生のツッコミも〈善の定式〉にかかわる内容です。

（学生E）

カントの考える道徳法則の視点からの〈仮言命法〉への批判は、善いことをする目的にその主体の〈幸福〉があり、幸福になれそうもない時には善い行いをしなくなってしまう恐れがあるのではないかというものだ。

しかし、たとえば、電車でお年寄りに席を譲ることを考えてみる。カント的な考えを持ち、自身の幸福を目的とは思っていない青年が、善い行いだと思いお年寄りに席を譲ったとしよう。この場合考えられるパターンは2通りである。

一つめは、お年寄りがその青年の行動を有難いと思った場合である。その場合、この青年がした行動は、「善い行い」と言えるはずである。

二つめは、お年寄りがその青年の行動を有難いとは思わなかった場合、それは客観的に見れば「善い行い」とは言えないのではないだろうか。

このように、カントの考える〈仮言命法〉への批判は、善い行いだと思ってそれをする主体者の主観的な考えしか持ち合わせておらず、対象者がどう思っているかは関係なくなってしまっているのではないだろうか。

つまり私が思うに、善い行いとは少なくとも対象者（善を受けた人）が、良い思いをすることに始まると考えている。

実際に自分自身も、世間一般で言うところの善い行いだと思い、席を譲って、「お年寄り扱いするな」と言われたことがあり、その時点で自分の行動は善い行いではなかったのかもしれず満足感も何もないと思った。

私はカントを批判しているわけではないのです。自身の幸福を目的としているようでは、幸福になれないことに対しては善い行いをしなくなる恐れがあるというのもその通りだと思います。しかし、資料に〈幸福〉の定義は書いてありましたが、「善い行い」が何かという定義づけがあまりに曖昧なものだと思ったので書かせていただきました。

※この時点ではまだ〈善の定式〉は講義していない。

（著者からのコメント）

哲学していますね。その点がとても素晴らしいと思いました。ツッコミもいいですねー。実に大切な哲学上のアポリア（難問）をついています。

道徳について哲学することが道徳教育の「二大目標」の一つではないか、と私は考えています。「哲学する道徳の授業」をぜひ目指していただきたいです。

が、その際には「カント道徳」がとっても有効な「規準」「ツール」になるのです。もしこの規準がなければ、子供たちの話し合いは薄っぺらなもの、あるいは右往左往して混乱して終わり、ということにもなりましょう。

さて、対象（相手）の幸不幸にも無関係に、あくまで「道徳法則を尊崇して」それに沿って行うのが定言命法です。ですから、私自身は席を譲ろうとして声をかけて断られたとしても「そうですか、では遠慮なくすわらせていただきます」とにっこり笑って応じています（本当にそうなのですよ。「修養」によってそこまで上達できたのです）。

それに対して、あなたの言うように、相手の〈幸・不幸〉を中心に態度を変えていくと、「余計なお世話だ」と思われたりすることもあるわけですから、それに振り回されていくことになりますね。結局その振り回されることに疲れてしまって、席を譲らなくもなりましょう。それが人間というものです。

しかし、自分自身が「道徳法則への尊崇」という動機・規準を明確に持つなら、たとえ断られても挫折することなく、再び別の電車でこれを実行することが「理論的に」可能です。「善い行為」はそれ自体が善いことですから何の遠慮がいりましょうか！（ここで〈普遍性〉が保証されていくわけです）。

しかしながら、あなたのおっしゃるように、相手の反応を無視して道徳法則の方を重視する在り方は、一見、相手を軽視することのように思われます。あなたのおっしゃる通りです。しかし、普遍的には「相手」を大切に扱うことなのです！

どういうことでしょうか？

それについてはルソーの「一般意志」[注2]について学ぶことで納得できることでしょう。

なお、〈善の定式〉についてはこの後で学ぶ予定であり、特に〈善の定式2〉がこの話題を解明するポイントになります[注3]。

次の学生も前の学生と同様の疑問を抱いています。**「価値相対主義」**という懐疑主義的傾向やそこから生まれる**「ニヒリズム」**[注4]は若い人にも浸透しているのがここから感じられます。

（学生F）

私は基本的に他人がどういう人生を歩もうが他人の勝手だと思っているので、基本的に他人に親切にしたり優しくしたりするということが滅多にない、と思っている（この学生にはニヒリズムを感じますね…夏目）。

と、ここまで書いていて思うのは、他人に対する優しさとか親切心だとかは、結局自分の価値判断であって、他人がそれを優しい行為だとか親切な行為だとか思っていないかもしれない、ということである。（中略）

了解不能な他者と否応なしに関わらなければならない私たちは、他者は了解不能な存在であるとどこかしらで認識しているが、それでも、他者に対し、私利私欲を捨て去って善を行い続けることができるのだろうか。そんなことを考えさせられた。

（著者からのコメント）

あなたも前の学生と同じ問題意識を抱いています。価値相対主義とニヒリズム的な傾向が読み取れます。そして、すでにしっかりと哲学していて素晴らしいですね。「了解不能な他者」など、哲学者が使っている表現も心得ていますね。

そうです。他者の「確かな心」は了解不能です。それだけでなくコロコロ変わるあてにならないものです。だから、だからこそ、他者の心に規準を置かなかったのです。別のところに規準を創ったのです。カントの場合は形而上に〈定言命法〉（善の定式）として。釈迦の仏教では「仏法」として。キリスト教では『聖書』として……。孔子の場合は「天はどう考えるだろうか」と推論することで。

仏教には「法に依《よ》りて、人に依らざれ」（依法不依人）という言葉があるそうです。「法」は釈迦を中心とした指導者たちの教えのことです。この言葉は、人間というものは「煩悩・欲望」のために判断を誤りやすい存在者だから、人間の心の外に創った「仏法」を判断規準にして生きるべきである、という教えを持っています。キリスト教の『聖書』にしても同様です。

一方の「カント道徳」でも「道徳法則」に沿って判断することを奨励しています。通ずるものがあるのです。

違う点は、カントの場合は、「人間」というものが〈理性的存在者〉と〈感性的存在者〉の二つから成立していると考えていて、自分の中の理性的存在者の判断を規準にしなさい、としている点です。そして、あえて具体的な道徳法則を提示しなかった点です。つまり自己立法の余地を与えていて人間の道徳理性の成長を期待した点が違うのです。ただしその際、次回に学ぶ〈善の定式〉に沿うように、という条件が付きますが。

『論語』には「天」を敬う孔子の言葉がしばしば出てきますがそれにも通じています。孔子は「天ならどう考えるだろうか」と常に自分の理性で推論していました。この「天」は漠然としたものではありますが、自己矛盾を起こさないで持続可能性を実現する采配、それを行う存在者のことと言えましょう。

とりわけ押さえておいてほしいのは、カント道徳の場合は上から降りてくる道徳法則・行動方針ではなく、〈善の定式〉に沿って自分でそれを大切だと判断して立てるところにある点です。自己立法であり、「理性の自由」を尊重したものなのです。だからカントは言うのです。

「したがって、人間の（最終的）使命は自分の（道徳的）最大の完全性を自分の自由によって獲得することである」[注5]

この場合の「自由」とは、「自らの意志によって」という意味に加えて自分の欲望を道徳理性で自在にコントロールできる自由のことです。

学生の感想は以上です。

注1、注2　第5章トピック2を参照のこと
注3　第5章を参照のこと
注4　第12章2節を参照のこと
注5　御子柴善之訳「コリンズ道徳哲学」『カント全集20』岩波書店、二〇〇二年、二八四ページ

第5章 カントの〈善の定式〉

アップルのスティーブ・ジョブズが言っていたように、シンプルであること、それが最も大切なことである。カント道徳の「善の定式」も極めてシンプルである。本質を射抜いているからこそシンプルなのであり、それはまた、応用範囲がとても広くかつ深いことを意味する。ＡＩに覚え込ませたいぐらいである。

1節　善の定式1——善とは何か

では、〈善〉とはいかなるものでしょうか。次の定式は「カント道徳」に一貫して流れている論理に基づいて私が独自に表現（シニフィアン）したものです。

〈善の定式1〉
〈善〉とは、自分と他者の人間性を、いかなる場合にもたんに手段としてはならず、常に目的そのものとして大切に扱うこと。

※「目的として大切に扱う」とは、自分及び他者の、命・生まれながらの資質・個性・尊厳、さらに他者に悪を為さない範囲での信条・自由……を大切にすること。[注1]
※カントは「手段とすること」を否定はしていない。

この〈善の定式1〉に基づいて行動を起こすと善行が次から次へと生まれてきます

から不思議です。まるで「打ち出の小槌《こづち》」のようです。その一方で悪行がどんどんなくなっていきます。

さらにこれは民主主義の基本的精神と言えるものですね。また、生まれながらの気質や特質や個性などの「多様性」を認める際の基礎的考え方にもなりますね。さらに仏教の「仏心」やキリスト教の「愛する（＝大切にする）」や『論語』の「恕《じょ》（思いやり）」「仁」の一段階具体的な中身がこれになりますね。

さて、ところが多くの人にとっては〈善の定式〉が最初はピンとこないようなのです。単なる理想に過ぎないのでは、と感じてしまうようなのです。しかし、この定式を実践し始めていけばわかってきますが、底知れぬ深さと広がりがあります。修養によってどこまでも深く広い意味が見えてくるのです。

たとえば、臨済宗円覚寺派管長の横田南嶺《よこたなんれい》老師の次の言葉にも通じていくのです。以下は月刊誌『致知』二〇二三年十月号における横田老師とＷＢＣで日本を世界一に導いた栗山英樹監督の対談記事の中からの引用です。

「（横田老師が非常に若くして仏教の世界にすべてを懸ける決意をした理由は優れた人々との出会いからでしたが、）まず初めが目黒絶海《めぐろぜっかい》老師。私（横田老師）がこの人に巡り合ったのは、小学五年でありました。初めて禅寺に坐禅をしに行った時、もう五十年近く前の出来事ながら、いまも鮮明に覚えているのが、『きょうお集まりの皆様はみんな仏様です』と、そう言って合掌《がっしょう》して拝むんですね。

最初は意味がよく分からなかったんですよ。（中略）それから何十年と坐禅をやってきて、修行僧の指導をする立場になり、ある時、『ああ、これが禅の究極だ』と。

我われは仏心とか仏性とか言いますけど、もっと平たく言えば、その人の持っている無限の可能性や素晴らしさ。それをこちらが手を合わせて拝む、つまり信じる。先ほど（栗山）監督が信じて待つという表現を使われましたが、こちらが何かをしてあげようと思うよりも、相手がよい方向に芽を出していくことを信じて拝む。その心で一人ひとりに接していく。

一番大事なことを最初の出逢いで教えていただいていたんだなと、何十年経って気がつきました」[注2]（傍線は著者）

とりわけ傍線部がカントの〈善の定式1〉にある「自分と他者の人間性を目的として大切に扱う」という言葉と同じ意味になります。また、相手（他者）だけでなく自分自身の可能性や素晴らしさを信じ大切にするという意味へと広げることも大切です。

禅の教えの究極とカント道徳とは同じなのです。

ただし、「きょうお集まりの皆様」という言葉に力点を置いて読むなら、「道を求め始めた人々はすでに仏様です」ということになりましょう。

このような定式の応用として「なぜ挨拶をするのか」について考えてみることも大事でしょう。それについては第1章1節を読み直してみてください。

ですから、道徳の授業で最終的に生徒に身につけさせたいものが、この〈善の定式〉です。


かつて相模原市の障害者施設で起こった大量殺人事件もここで思い出してください。[注3]

このように考えてきますと、「カントの〈善の定式〉の正当性は、いったい誰が認めたのですか？」という学生たちの疑問も解かれることとなるでしょう？　個人個人の価値観で認めたではなく、本章の「トピック２」でも紹介するルソーの「一般意志」が認めたという言い方もできましょう。個人個人の多様で利己的な意志のことではなく、道徳理性に基づいた意志、それが認めたのです。その意志は、個人と社会に矛盾を来さず、持続を保証するという点において、だれもが納得せざるを得ないはずなので、普遍性が保証される定式なのです。つまり、価値相対主義を超える定式なのです。

なお、カント道徳ではもう一つ定式がつきます。これは善か悪かの判断をする時にも使えます。次節でそれを紹介します。

注1　カント自身は若干違う表現をしていて、こう表現している。
「君は、みずからの人格と他のすべての人格のうちに存在する人間性を、いつでも、同時に目的として使用しなければならず、いかなる場合にもたんに手段として使用してはならない」（カント著、中山元訳『道徳形而上学の基礎づけ』光文社文庫、二〇一二年、一三六ページ）

注2　月刊誌『致知』二〇二三年十月号、一六ページ

注3　第1章2節を参照のこと

トピック2
ルソーの「一般意志」について

〈善の定式〉である「自分と他者の人間性をいかなる場合にもたんに手段としてはならず、常に目的そのものとして大切に扱いなさい」という定式の「他者」とは、個々人で異なる多様な「他者」ではなく、**一般性としての「他者」です**。つまり、自己矛盾して破綻するような不道徳な「他者」ではなく、道徳性を備えた（秘めた）「他者」である、ということがポイントです。これはルソーの「一般意志」[注1]と言ってもいいでしょう。

「一般意志」とは、ここでは次の広辞苑（第七版）の意味に従います。

「ルソーの社会契約論の用語。私利利害をもつ個々の意志の総和ではなく、個々の利己心をすてた一体としての人民の共通の意志。ルソーはこれを主権の行使の基礎とした。」

個々の「利己心」は個々の「幸福欲望」に置き換えられます。そして、「一般意志」はカントの〈善の定式〉に行き着きます。もし「一般意志」ではなく「個人意志」を大切にすべきなら、「相手を侮蔑《ぶべつ》したい」「相手に嘘をつこう」という意志も尊重することになりますが、そのような「意志」は〈善の定式〉に違反して自己矛盾を起こしてしまいますから、カント道徳では尊重しません（とはいえその人を全否定してしまうわけではありませんから誤解しないように。「罪を憎んで人を憎まず」です）。ですから、〈善の定式1〉の「他者」とは、善徳への可能性を持った人間という意味で解釈します。たとえ盗みをする人でも善徳への可能性を秘めていることまでは否定できませんから。

本来、人びとが〈善の定式〉に目覚めていれば、バスの中で席を譲られて怒ることはあり得ません。「ありがとう。でも私は大丈夫ですよ」と、相手を大切にした返答をすることになります。残念ながら前章の学生Eさんの例では「不徳の人」に出会ってしまいました。このような人が多くなりますと、次第に、席を譲る人がなくなり、みんなが「善」を行わなくなっていきましょう。カント道徳が身についていないならば、そういう世界になっていきます（今の世界はそんな世界になってしまっているような……）。

実は、「善」や「徳」は家族や社会や世界の〈相互依存〉[注2]を実現するための「必要条件」になっていると言えます。ですから「他者を大切にしない社会」は、やがて自己矛盾をきたして自滅に向かっていくことになります。ですから国家というものは、国民の道徳性が堕落するのに比例して衰退していくことになるはずです。

それに対して道徳性を大切にする「一般意志」というものは、自分もみんなも自己矛盾せずみんなが生かされる「意志」になります。ですから、普遍性を帯び、誰もが尊重することが可能となるはずなのです。

注1　「一般意志」については、ルソー著、中山元訳『社会契約論』光文社文庫、二〇〇八年を参照。

注2　第3章トピック1を参照のこと

2節　善の定式2——善悪の判断の仕方

その1　善の定式2

道徳問題となる場面において、その行為が善か悪かは、それが普遍化が可能かどうかで判断できる。普遍化できればそれは善であり、できなければ悪である。

※「普遍化が可能である」とは、道徳問題になる行為を、あらゆる人の「義務」とした場合、個人も社会も人類も自己矛盾をおこさずに持続可能であることを意味する。[注1]

※「道徳問題になる場面」とは、〈善の定式1〉に反する場面のこと。

その2　〈普遍化〉とは何か——認識論と存在論の区別をしながら——

カント道徳における「普遍化」について詳しくお話しします。

カント道徳における「普遍化」の定義

誰もが常にその道徳法則・行動方針に従うことを義務とした場合、個人や社会や世界が自己矛盾を起こさずに持続可能性を持つこと、それが「普遍化」の意味である。

カントは「普遍化できるかどうか」を常に問いながら哲学した人です。また「必然性」にそって原理を構築することを目指した人です。この考え方は実はギリシャ哲学の時代からありました。プラトンの一連の著書で表現されているソクラテスと弟子たちとの対話にもその姿勢がみられます。

さて、「その1」で述べたような「道徳問題になる場面において、その行為が善か悪かはそれが普遍化可能かどうかで判断できる。普遍化できればそれは善であり、できなければ悪である」ということをカントはどこで述べているのでしょうか？　カントの次のような言葉をわかりやすく言い直すとそうなるのです。

第一の定言命法の表現方式

このように［絶対的で必然的な］定言命法はただ一つであり、次のように表現される。

君は、君の行動原理が同時に普遍的な法則となることを欲することができるような行動原理だけにしたがって行為せよと。[注2]

右の「行動原理」とはドイツ語のMaxime《マクシーメ》の訳であり〈行動方針〉と本書では訳しています。日本では主に**〈格率〉**と訳されてきました。

この〈行動方針〉は個人的な心構えのことで、道徳の領域以外でも使われます。が、本書ではもっぱら道徳領域のものとして扱っていきます。

それに対してカントの言う「法則」とは、道徳法則のことであり、あたかも自然界における「万有引力の法則」（やがては相対性理論にその席を譲る）のように普遍的に誰に対しても機能しうるもの、というカントの「思い」がこめられています。つまり、個人や社会や世界が自己矛盾を来さず持続可能性を持つためには、誰もが常にその法則に従わざるを得ない…ということを意味しているわけです。

ただし、〈存在論〉と〈認識論〉とは一線を画さねばならず、自然科学では〈存在論〉の領域の普遍性を目指しますが、道徳論を含む人間科学では〈認識論〉の領域の普遍性を目指している、ということが言えましょう。つまり両者は研究の「対象」が全く逆であり、「普遍性」の意味さえ異なります。

カントの言葉で説明するなら、自然科学は客体としての〈物自体〉[注3]を研究の対象とし主に数値などでそれを表現しますが（スポーツ飲料の「成分」を数値で示すのがその例）、人間科学は〈物自体〉に触発された人間の認識機能に映る像としての〈現象〉を研究の対象にし、主に「ことば」でそれを表現します（スポーツ飲料の「味」を言葉で示すのがその例）。

両者は対象へのアプローチの仕方もエビデンス（証拠）の示し方も異なるのです。しかし、自然科学を万能視するこの時代、〈認識論〉は〈存在論〉と同じような証拠の示し方を「客観的な証拠を見せてほしい」と要求され、その要求にうまく応えられず、そんなところからも、「この世に絶対的な善などはない」↓「価値相対主義」↓「ニヒリズム」へ……といった事態も生まれてしまったと言えましょう。この事態は人類にとっては実に深刻な不幸をもたらす問題だと思います[注4]。

さらにカントは次のように述べています。ここでは［　　］内の訳者中山元氏の言葉も参考になります。

「たとえばある人が、『侮辱されたならば、復讐せずにはおかない』という行動原理（行動方針）を定めていたとしよう。（中略）この同じ行動原理がすべての理性的な存在者の意志に妥当する規則とされたならば（普遍化されたならば）、この行動原理は［すべての人が必ず復讐したならば、この復讐に終わりはなく、人類は滅亡するだろうから］みずからと一致することができなくなるだろう……（だから、この場合の行動原理は単なる個人的な行動原理に過ぎず、また〈悪〉であるから、到底道徳法則にはなりえないのである）」[注5]

右では「自らと一致することができなくなる」という言葉が重要です。これを訳者は次のように解説していますね。「すべての人が必ず復讐したならば、この復讐に終わりはなく、人類は滅亡するだろうから」と。この解説の言葉が重要です。これらは端的には「自己矛盾する」と言い換えられます[注6]。

このようなことから、人間が主観的に「道徳法則に対する尊崇」の思いを持てる理由は、もし道徳法則を守るなら自分も他者も社会も自己矛盾せず、持続が可能となるから……というところに落ち着きそうです。つまり、道徳性を幸福よりも一歩優先して大切にして生きよう、という意志が心の底から生まれてくるその源泉が「自己矛盾しない＝個・人類・社会を持続可能とする」ということを理性で理解することで同時に感性としても納得できるところにある、ということが理解できてきます。

さて、このような〈普遍化〉の説明を道徳論の根拠とした場合、先にも触れましたがこれまでずっと自然科学の「実証主義」になじんできた人々は違和感を感ずるかもしれません。が、そんな人にはフッサールの現象学を学ぶことをお勧めします。

と言っても、あまりに膨大で難解な学ですから、お勧めしたいのは**西研著『哲学的思考―フッサール現象学の核心**[注7]』です。その第二章「〈生〉にとって学問とは何か」を読んでいただきたいのです。この部分は自然科学の実証主義だけにこだわりその実証主義でしか「客観性」を保証できないと思い込んでいる現代人に対して、極めて重要な問題提起がなされているものです。

フッサールはこう批判している、と西氏は言います。

「自然科学の実証主義が、学問一般のモデルとなってしまっていて、人間生存全体に意味があるのかないのか、という問いを原理的に排除している[注8]」と。

カントの〈善の定式〉は人間の持続可能性を究極の価値として措定《そてい》されたものと言えますが、自然科学ではそのような価値・意味を論ずる場所がないと西氏は言うのです。「場所がない」から人類を滅ぼす「核兵器」が発明されてしまい、今は同じく人類を滅ぼす力を秘めたＡＩの発展が歯止めなく行われようとしている、と私はとらえています。

そのような自然科学信仰の勢力に押されて、日本の教育では人文系のカリキュラムが減り、理数系がそれにとって代わってきました。「一般教養」「文学」「哲学・思想」の軽視が行われてきたのです。たとえば、「文学作品」というものは人間科学も自然科学も含みこみます。真・善・美を含みこみます。したがって文学に触れることで、人生に対する視野が広がり、豊かにし、また柔軟にもなり、癒しを与え、なんといっても自然科学の暴走に歯止めをかける目が養えるはずなのです。

この問題を軽視することは将来の世界に大きな禍根を残すことでしょう。

その３「人を殺すこと」はなぜ普遍的に「悪」なのか？

では、カントの言う「普遍化」の応用をしてみましょう。

「人を殺すこと」は、なぜ普遍的に「悪」なのでしょうか？

実はこの問いは、あるテレビ番組で若者から発せられた問いであり、同席していた知識人たちがまともに答えられなかったことで話題となった問いです。

このことを考える時にはまず、「人を殺さなければならない」という価値観を普遍化し義務化し法律化し、日常の共同体の常識・慣習にしたと仮定して想像の翼を広げてみてください。腹が立って相手を殺しても法令で罰せられることはありません。自分の幸福のために必要とあらばいくらでも相手を殺していいわけで、保険金殺人や強盗殺人はしたい放題です。身内を殺されたら、倍返しで殺し返して良いわけです。いや、殺すことが義務なので、殺さねばなりません。社会規範としてもそれが奨励されるわけです。

そうなりますと、憎しみの連鎖の後押しの中、あらゆるところで殺し合いが横行《おうこう》し、もちろん戦争もしたい放題……。やがて、「そして誰もいなくなった……」ということになり、**個人も社会も人類も滅びざるをえないことが思い描けます。これが〈悪〉の本質です。持続可能性が否定されてしまうのです。つまり自己矛盾するわけです。**

だから「人を殺すこと」はいけないのです。だからこそすでに、現代社会では原則として「殺人」は法律でも違法と決められてきたと言えましょう。

次に、右とは反対に「人を殺してはならない」という価値観を普遍化し義務化し法令化し道徳法則にしたと仮定して、想像の翼を広げてみてください。

もちろんあらゆる戦争も死刑も否定しなければなりません。たとえどんなに相手に腹が立とうと、どんな理不尽なことをされようと、またどんなに自分（たち）の利益が踏みにじられようと、相手を殺すような行為はしてはいけません（とはいえ、道徳的に相手側もそれをしてはいけませんから、ひどい仕打ちもなくなっていくのですが、こう考えていくことがここではポイントです）。

この法則にしたがいますと、あらゆる社会・人間は、〈感性的〉な怒りや恨みを抱いても、他者を殺すことは禁止されるわけですから、次のように自己を変えていかざるをえなくなりましょう。

脳の新皮質がつかさどる〈道徳理性〉の力を稼働させて「赦《ゆる》す」ことを余儀なくされてやがて冷静になって、自分の態度にも相手の行動を誘発する原因が（半分ぐらい）あったのではないか、と反省することへの道が拓かれます。そうしていくうちに（上達によって）相互信頼や相互依存に意識の方向性を変えて怒りや憎しみなどを解決せざるを得ないことにも気づいていきます。そのようにして〈徳性〉も高まっていきます（上達していきます）。

こうして、善の循環が始まると、「争い」や「戦争」が避けられていくようになり、**個人も社会も人類も滅びることなくうまく回ることが思い描けます。持続可能性が保障されるわけです。カントの言う「自己矛盾」から逃れられます。これが〈善〉の本質です。**

日本の法律では自殺ほう助も違法とされていますが、この形而上の道徳法則に沿っていると言えましょう。また、すでに多くの国では「人を殺すこと」は不文律としても法令としても禁止されているわけで、すでに死刑も廃止されている国もたくさんあります。

残るは「戦争」での殺人だけです。これが許されているのは、そもそも正義論と道徳論とがごっちゃになっているからでしょう。[注9]

でも、憎い相手を赦すことまでも本当にできるものなのでしょうか？

できるようになります。理論的にも実践的にも。なぜなら、「カント道徳」の場合は自分の怒りや嫉妬などの情念に燃える快感（幸福）よりも、「道徳法則への尊崇」を優先しようとする意志や心を、日常的に鍛える修養を行うことになるからです（上達するからです）。そのことで、感性（感情）よりも道徳的理性の力が勝っていき、それはやがて〈性格〉にもなっていくからです。道徳的理性が肉体化して性格化していくわけですね。弁証法の「量質転化」が起こるわけです。これが**上達論**の核心です。

以上のように、善か悪かの判断は、もしその「行為」が普遍化されたならば（すべての人の義務となったなら）自分も社会も人類もどうなっていくだろうか、と想像の翼を広げてみることで可能となるのです。カントは次のように表現しています。

「（嘘をついてよいとか人を殺してもよいといった反道徳的な行動方針が）普遍的な法則となったときには、みずからを破壊してしまわざるをえないのである[注10]」

この節のおわりに、次のことも知っておいてください。

「わたしがあなた方を愛したように、あなた方が互いに愛し合うこと、これがわたしの掟《おきて》である[注11]」

この言葉、『聖書』の言葉なのです。そして、日本語訳の「愛する」という言葉、これはギリシャ語の「アガペー」を訳したものですが、これ以外に「大切にする」と訳すこともできます。そこで改めて右の「愛する」を「大切にする」に置き替えてみてください。[注12]そして、カント道徳の〈善の定式1〉と比べてみてください。驚くべきことに、イエスの言葉と全く同じことを言っているのに気づきます。

なお、「殺し合いがなくなった世界では人口爆発が起こり、食糧難や環境破壊が増え、結局持続が不可能になりはしないか」というツッコミもありましょう。しかし、人口爆発への対応は「人を殺す」ことを避けながらのいろいろな工夫が可能ではないでしょうか。想像の翼を広げて考えてみてください。

注1　カント著、中山元訳『実践理性批判1』光文社文庫、二〇一三年、五四〜五五ページ
それ以外の場所として、同前七八〜七九ページを参照のこと

注2　カント著、中山元訳『道徳形而上学の基礎づけ』光文社文庫、二〇一二年、一一二ページ

注3　〈物自体〉と〈現象〉については本章トピック4を参照のこと

注4　第12章を参照のこと

注5　右の注1参照のこと

注6 「自己矛盾」という言葉は、カント著、中山元訳『道徳形而上学の基礎づけ』光文社文庫、二〇一二年、一一五ページにある。

注7 西研『哲学的思考―フッサール現象学の核心』筑摩書房、二〇〇一年

注8 同前、一一五ページ参照

注9 第8章を参照のこと

注10 カント著、中山元訳『道徳形而上学の基礎づけ』光文社文庫、二〇一二年、五九ページ

注11 「ヨハネによる福音書」『新約聖書』十五・十二

注12 本章トピック3を参照のこと

トピック3
アガペーの訳語を「大切にする」へ訳し直す

古代ギリシャ語の「アガペー」を日本語に訳したものが「愛する」という言葉です。しかしその訳語としては「大切にする」というものもあります。「愛する」の場合は感性的なニュアンスが優位になり、時には情熱的な感情さえも想起されます。しかし、「大切にする」の場合は理性的なニュアンスが優位になり、たとえその人を嫌いだとしても道徳理性の力で大切にすることが可能となります。

神父さんたちの中には、信者をどうしても素直に「愛せない」場合があり、その場合自己嫌悪に陥り苦悩し続けるということですが、「アガペー」を「大切にする」と訳すことによって救われた、と告白しています[注1]。「大切にする」ことなら、たとえその信者を好きになれなくとも理性の力でそれができるからです。「大切にする」場合は、感性的な共感がなくとも可能だからです。

このような神父さんの告白を知ってから、私も「愛する」を努めて「大切にする」に言い換えるようにしています。そのことで、たとえその人を嫌いだとしても、道徳理性の力で「大切にする」ことへの道が拓かれていき普遍性が得られるからです。だから、嫌いでも親切にすることは、決して欺瞞《ぎまん》ではなくなるのです。その意味も込めて、カントの〈善の定式1〉でも「大切にする」という言葉を用いました。

実はカントも同じ問題意識を持っていて、次のように言います。

「聖書では『汝の隣人を愛せよ』とか『汝の敵すら愛せよ』と命じられているが、この掟も、すでに述べたように解釈する必要があるのは、疑問の余地がない。心の傾きによって愛することを命じることはできない（感性・感情レベルで、人を愛するよう命じることはできない）。義務に基づく（道徳法則への尊崇による）仁愛は、いかなる心の傾きによっても動かされるものではない。たとえ抑えることのできないほどの自然の嫌悪の思いにさからって行われるときでも、それは（義務に基づく仁愛は）実践的な（理性的な意志による）愛であり、［パトス、すなわち情念に基づいた］感受的な（パトローギッシュ）愛ではない。この愛は意志によるものであり、感覚の性向によるものではない。この愛は行動原則に基づくものであり、甘美な同情心によるものではない。［道徳の法則によって］命じることができるのはこの実践的な愛（理性的な意志による愛）だけなのである[注2]」

注1　後藤文雄筆「目の前の一人ひとりを大切にする」月刊誌『致知』二〇一九年六月号

注2　カント著、中山元訳『道徳形而上学の基礎づけ』光文社文庫、二〇一二年、四八ページ

トピック4
〈物自体〉と〈現象〉

カントの『純粋理性批判』にはあの有名な**〈物自体〉**と**〈現象〉**について書かれています。

客体として存在する〈物自体〉を丸ごと正確に認識することは不可能であり、あくまで人それぞれの認識の枠組みに応じて受け取る像、つまり〈現象〉としてしか認識できない、われわれは物自体を認識しているのではなく、現象として認識しているに過ぎない、とカントは考えました。

どういうことでしょうか？

たとえば、「トンボ」の眼は複眼であり、そのトンボが客体としての〈物自体〉を見た時の認識像は、「人間」が単眼で見た時の認識像とは異なるはずですね。では、トンボと人間のどちらの像が正確に客観的に〈物自体〉をとらえていると言えるのでしょうか?

　どちらでもありませんね。トンボも人間も、あくまで自分の認識能力・認識機能〈枠組み〉に沿って、自分の生活に都合よく認識しているに過ぎないのですから。複眼は全方向を認識して敵に備え、単眼は一方向だけ認識して獲物をとらえます。ですからその像をカントはあえて〈現象〉と呼んで〈物自体〉とは区別したのです。〈物自体〉がなんであるかを客観的に確定することはできない、と考えたのです。

　もう一つ「食べ物の味」を例にとってみましょう。甘いケーキを食べた直後のスポーツ飲料はあまり甘くは感じられませんし、いつもの旨《うま》さも感じられませんね。しかし、スポーツの合間に飲むスポーツ飲料は、甘くて旨いと感じられますね。それなのに、その飲料自体〈物自体〉の持つ「味」を構成している成分はどれも同じです。変わりません。

「味」を認識する側にとっては、その状況・体調によって味は違って感じられます。この場合の味わう側の認識が〈現象〉です。

　しかし、実はこれだけの説明では腑《ふ》に落ちない点が残るはずなのです。「存在論」と「認識論」の違いを踏まえることが欠けているからです。

〈物自体〉は「存在論」の研究対象であり、〈現象〉は「認識論」の研究対象と考えてみましょう。つまり、〈物自体〉は〈自然科学〉の研究対象であり部分的特徴を共通のものさし（数値など）で表現して物理的な秩序を表現しようとする世界と考えてみるわけです。[注1]〈現象〉は〈人間科学〉の研究対象であり「人が存在していること」の意味や目的を与えることのできる世界というわけです（もちろん両者の相互浸透＝連関もありますが、ここではそれは置きます[注2]）。

スポーツ飲料を「存在論的」に分析しますと、一定の成分配合が明らかにできます。数値で表せます。〈自然科学〉はこういう分析が得意です。一方の「味」は〈認識論〉の領域であり、スポーツ飲料を飲んだ人の〈認識〉にかかわるものであり、人によって異なるものであり、自然科学のように数値での「分析」や「特定」はできないものです。

フッサールは、カントの「物自体と現象」を読み、それに発想を得て、「認識する側」の〈認識構造〉についての研究に向かい「現象学」を打ち立てたと言えます。したがって、この領域では、自然科学と異なり、「客観的」という言葉はとりあえず避けられることとなります。が、フッサールはそれでも「共通に了解し合える領域」が「現象界」にもあるのではないかと「普遍妥当性」といった言葉を使いながら研究を深めていったのです。

その意味で、自然科学だけでこの世界を把握できると思い込んでいる人々に「それは違う。この世界には、自然科学のように〈物自体〉の存在を対象とする〈存在論の領域〉と、人間科学のように、認識する側の認識構造を対象とする〈認識論の領域〉とがあり、その両方が大切である」と警告を発していることになる、それがフッサールの「現象学」と言えましょう。

そして、必然的にそこからは、学校における教養教育の大切さ、文学教育の大切さも再認識され、今後の見直しが望まれることとなりましょう。

さて、話題を戻します。

面白いことに仏教の法相宗《ほっそうしゅう》にも同じ考えが書かれています。[注3]そこではこんな歌が詠まれているのです。

「手を打てば　鯉《こい》は餌《え》と聞き　鳥は逃げ　女中は茶と聞く　猿沢の池」

ここでは、「手の音」そのものが〈物自体〉です。手の音それ自体は、手を打った人の思いとは無関係に周囲に響き渡ります。鯉がそれを聞くと、餌がもらえると思って寄ってきます。木に止まっていた鳥は鉄砲の音だと思ってあわてて逃げます。宿の女中は客がお茶をご所望だと思ってお茶を運んできます。一方、手を打った本人の意図は何かといえば、考え事をしていてあることがひらめき、覚えず手を打ったのでした（これは私の考える一つの例です）。「猿沢の池」は奈良市の興福寺にある池で、興福寺は法相宗の総本寺です。

さて、いかがでしょうか。パチンという「手の音」自体の意味の確定はそれを発した人物の意図も、それを受け取った鯉、鳥、女中……も全部異なります。ここでは「手の音」が〈物自体〉です。これは音の大きさや音質などが科学的に数字で示すことが可能です。一方、それを発したり受け取ったりする側の「意識＝意味」が〈現象〉です。

それにしても、法相宗ではなんのためにこのような歌を示したのでしょうか？

それは、人間に降りかかる生老病死《しょうろうびょうし》や天災や事故そのものは〈物自体〉で「手の音」と同じであり、それを認識する（受け取る）側の心掛け次第でどのようにでもとらえられる可能性を持っていることを教えているのです。つまり〈意味〉というものは受け手によって決められる、という可能性を教えているのです。

受け手によってどのようにでもとらえられるとするなら……？

そうだとするなら、受け手である自分自身を「修養」や「修行」によって生老病死や艱難辛苦に動じない自分へと変えていけば良いだけの話です。仏教の修行・荒行はこの考え方の上にあると言えましょう。

ただしカントの〈物自体〉と〈現象〉についてはまだまだ私には理解できない部分が多く、これからの課題でもあります。

注1　西研『哲学的思考―フッサール現象学の核心』筑摩書房、二〇〇一年、二七ページ参照

注2　同前

注3　多川俊映著『はじめての唯識』春秋社、二〇〇一年、七～一〇ページ参照

第6章 躓きの石——カント形而上学と形而下学の区別と連関

価値相対主義者は〈カント形而上学〉の前に沈黙することとなるだろう。そしてニヒリズムとの決別が可能となり、道徳性を基礎にした人類の再出発がここから始まる。

1節 バックキャスティングとフォアキャスティング

〈カント形而上学《けいじじょうがく》〉と〈カント形而下学《けいじかがく》〉という二つの概念をおおざっぱに理解するには、環境保護の分野で活用されている**「バックキャスティング」**と**「フォアキャスティング」**というアプローチ方法について理解するのがいいかもしれません。

バックキャスティングとは、まず最初に、望ましい理想像をイメージしてその原理や理論を頭の中だけで措定《そてい》します。これはアプリオリなものです。「アプリオリ」とは経験的判断を超えてという意味ですが、これまでの歴史や経験に基づいた判断に頼らず、理性だけを自由に用いて必然性に沿い本質を目指して「理想の原理や理論を創る」ことを言います（この時、経験的で断片的な「知識」は利用しますが「判断」はエポケー＝思考停止します）。このようなことを行う場が〈形而上学〉です。〈定言命法〉はここで創られました。また、形而上でこの仕事（思考）をするのが〈純粋理性〉という特別な理性です。

次に、形而下に降りて、理想にたどり着くための理論的に実現可能な道筋を戦略を練りながら考えていくという段階に移ります。つまり、「理想のゴール」に向かって、そこに至る道筋を普通の理性を使って発明していくこととなります。必要に応じてこれまでの経験知も大いに利用しながら。

この形而下は〈人間学〉を必要とする領域です。〈人間学〉とは、理性だけでなく感性（欲望など）を持つ丸ごとの人間を対象にした学のことです。

形而下でこのような仕事をする理性を**〈実践理性〉**と呼ぶことができます。ただし、正確には〈実践理性〉とは形而上の場で創られた道徳の理想（たとえば〈善の定式〉）を実現しようという目標を持ちながら、形而下の「個々の現場＝実践の場」で自分（たち）の幸福欲望と戦いながら対策を考え奮闘努力する意志、それが〈実践理性〉です。ですから、単なる欲望や情念に基づいた意志とは一線を画します。

以上のようにして出来上がる全体系は、当然これまでの経験的な体系とは違うものになるわけです。**「パラダイム転換」**がなされるのです。

それに対してフォアキャスティングとは、まず現状分析から始めて問題点を見つけ、これまでの経験的な体系の範囲内やその原理の延長線上で問題点を解決していく方法です。これらはすべて形而下に視座をおいてなされます。

この場合、これまでの現実、経験、歴史の範囲内や、その論理の延長線上で考えを進めることとなります。本当は別の「現実」「経験」そして「論理」も可能であったにもかかわらず……。したがって、場合によっては他にある「理想的な解」から遠ざかっていることも実は多いと予想できるのです。

たいてい、出発点としての「原理」に問題があります。

たとえば、日本及び世界の外交戦略は、未だにこの過ちに陥っていると思われます。「敵国がミサイルでおどしてくるから」という「経験」を最初の動機として、こちらも軍備を拡張する政策に転換しなければ、となっていき、やがては双方が雪ダルマ式に軍備拡張をし合っていく図がそれです。行き着くところは、何らかの手違いや疑心暗鬼による戦争です。これは論理的必然です。

この場合の原理は〈不信〉ということになりましょう。〈不信〉を原理にしてすべてが始まり、当然の結果として〈不和〉で終わる……。

もちろん、その過程では別のベクトル（力と方向性）が働き、ストレートに戦争に進んでいくわけではありませんが、底流には一貫して戦争に向かう力が作用し続けている点をここでは問題にしているのです。

しかし本当は別のルートも考えられるはずです。これまでのような〈不信〉を出発点と原理にするのではなく、〈和平〉をゴール（目標）としてそのための原理として**〈信頼〉**を措定し、〈信頼〉の実現に向けて道筋を創造するルートです。これが正しき外交戦略の基礎です。でも、私はそのような「構想」を聞いたことがありません。

同様に、フォアキャスティングで考えていきますと、地球環境問題の解決は断念せざるを得ないという結論になるでしょう。なぜなら、人間の持つ利己的な性格は根深く、子孫のことより今の自分たちを優先してきたのが近代の歴史であり（産業革命以前の農業社会では違っていたでしょうが）、また、「今の延長線上に未来がある」という考え方に呪縛されていてこれまでと同路線の「進歩」しか考えられなくて（物質的な豊かさを目指すことしか考えられなくて）。

このように我々が生きてきた「経験」からすれば、不可能を論ずる根拠には事欠きません。これがフォアキャスティングの陥りやすい限界性です。

しかし、これらの考えに固執することは、本当はおかしなことではないでしょうか？

なぜなら、歴史的・経験的事実以外の全く別の歴史・経験・道だとて、実は可能性として確実にあったはずなのですから……。

人間には理性があります。とりわけ〈道徳理性〉が。完璧な〈道徳理性〉を持った国民ならば、バックキャスティングの方法で理想のゴールを決め、そのための原理を発明し、さらに形而下に降りながら実現可能な道筋をつけ、それを敢然《かんぜん》と実行することができるはずです。つまり人類はバックキャスティングで環境問題を克服できる可能性を、本当は持っているのです。考えてもください。江戸時代の人々で、青函トンネルや瀬戸大橋が実現可能だと考えた人は誰もいなかったはずです。が、それを実現してしまったのが人間の「理性の力」であり「理性の自由」だったのです！

しかし、それらに反対する者が出てくるのも確かでしょう。そのような人々は基本的に自分の目先の〈幸福〉にとらわれ、利己的欲望を優先している人々と言えましょう。そしてそういう人が今や大多数ではないかと思われます。しかし、子孫を含め「他者」を、自分たちの幸福のための「手段」とだけしか考えていないとするなら、それは反道徳的と言えます、カントの〈善の定式〉からすれば。

ですから、環境問題の解決のためのバックキャスティングの必要条件は、そのような利己主義（利己愛）を克服し国民の〈道徳性〉が高まることであり、自分の幸福よりも道徳性を一歩だけ優先する価値観を持つ必要があるわけであり（これが環境問題を解決するための「基礎原理」になります）、そのためには人間の道徳性（もちろん定言命法の道徳性です）が鍛えられて成長することがどうしても必要なのです。それ抜きには、難しいと思います。

なぜなら、環境問題の解決のためにはどうしても〈目先の幸福〉を断念しなければならない場面がとても多くなるからです。それに耐えられるためには定言命法の道徳性を国民そろって目指すことがどうしても不可欠です。

以上が人類生き残りのための必要条件であると私は考えています。システムだけの問題ではなく〈道徳性〉の問題があることに気づくべきです。システムの転換の前に、それを下から支える「鍛えられた道徳理性」がどうしても必要なのです。「当面の不幸」を「耐える力」は「鍛えられた道徳性」からしか生まれないからです。

2節 道徳のコペルニクス的転回を提起したカント

昔の人々は、経験的に（経験的な印象を重視して）「太陽が地球の周りを回っている」と考えました。あの「天動説」です。

しかし、その天動説では天体全体の動きに整合性を持たせる説明ができませんでした。部分的には説明できましたが。要するに「自己矛盾」を来《きた》していたのです（見た目で判断する経験的な方法をカントは「アポステリオリ（＝経験的）」と批判しました）。

そこで、コペルニクス（一四七三―一五四三年）は、そのような経験による印象判断を超えて、全体をうまく説明できるための理論を〈理性〉だけを使って考え始めたのです（これをカントは「アプリオリ＝経験を超えて」と言ったのです）。そしてついに「地球が太陽の周りを回転していると考えてみたらどうだろうか」という判断を思いついたのです。これが「コペルニクス的転回」であり、あの「地動説」の理論を生んでいくのです。この時の、アプリオリに原理・理論を創造する理性を〈**純粋理性**〉と呼びます。

実は、我々がよく使う「コペルニクス的転回」という言葉そのものが、カントの著書から生まれた言葉なのです。[注1] 経験による印象、いわゆる「見た目」に頼らず、複数の、「部分的にしか通用しない規則性（知識）」を最初の出発点として、理性だけを使って整合性を求めてそれらをつなぎ合わせていく過程で、それらの統合のためのさらに本質的な原理・理論を創造していく認識・思考の場を**〈カント形而上学〉**と呼びます（「地球が太陽の周りを回っている」というのがこの場合の「原理」になりますね）。

ですから、『道徳形而上学の基礎づけ』という著書は、書名からもわかるように、その大部分は「形而上で考えられた原理＝基礎」について書いてあるわけで、そこでは定言命法という原理（善の定式など）とその理論が説かれているわけです。

一方その原理・理論を、個々の現場で活かす方法・戦略を思考する場を**〈カント形而下学〉**と言います。そこでは、形而上の道徳原理と形而下の幸福欲求を持つ人間、それら丸ごとを配慮して道徳論が創られます。これが**〈広義のカント道徳〉**ということになります（一方、形而上の道徳論が**〈狭義のカント道徳〉**です）。

この〈広義のカント道徳〉は、〈人間学〉を活用しながら形而上の「純粋な原理・原則」と形而下の「幸福を求めてやまない感性的な存在者」との統合を目指す道徳論のことであり、それが『実践理性批判』という書物に著されているのです。

〈人間学〉は、崇高な道徳性とともに様々な欲望も持った「人間」というものを丸ごととらえて論ずる「学」です。また、形而下でこのような統合を考えながら道徳性の向上を意志する理性を〈実践理性〉と呼びます。

このことから、形而下においては次のように「二種類の道徳」の区別が可能となってきます。

一つ目は、これまでの私たちが普通に身につけてきた「一般的な道徳」。これには純粋理性で創造された原理・基礎はなく、すべて形而下だけで普通の理性で経験的に考えられた道徳です。〈仮言命法〉・〈正義論〉・〈共感性を原理とした道徳論〉などがこの範疇《はんちゅう》です。

もう一つは、形而上で純粋理性によって創られた定言命法という原理を、形而下に降ろして、（普通の理性によって）人間の幸福欲求との統合を目指す道徳。これが〈広義のカント道徳〉です。ここでは「反省・振り返り」を行って新たな〈行動方針〉を付け加えることが条件であり特徴です。

カント道徳を否定的に見る人々の多くは、〈狭義のカント道徳〉しか視野に入っていませんね。つまり、定言命法の原理だけ読んで批判しているわけです。

さて、「地動説」をなかなか受け入れられなかったのが昔の人々の大多数だったのですが、実は道徳論でも同じことが言えると思うのです。たとえ自分が不幸になろうとも「道徳法則そのものに対する尊崇」だけを動機とするカント道徳論は「地動説」に相当し、それに対してこれまでの道徳論のように〈幸福〉を動機と目的（使命）としてきた道徳論は「天動説」に相当します。

なぜなら、これまでの道徳論はこれから説明するように、〈経験〉を根拠にして創られたもので、部分的にしか通用せず普遍的には通用しない原理になっているからです。つまり、全体の整合性がなかったり自己矛盾（破滅）を起こすからです（現在の世界はまさに仮言命法によって自己矛盾を起こしているからこそ、危機的状況に突き進んでいると言えましょう）。

その意味ではカントは、『純粋理性批判』による「認識一般論」だけでなく、「道徳論」においても「コペルニクス的転回」を行ったと言えます。

これまでの道徳論では、〈幸福〉になるために、その手段として「徳性を高め善を行うこと」を奨励してきました。しかし、カント道徳はその逆です。「徳性を高め善を行う」ためにその手段として〈幸福〉を位置付けます。〈幸福〉を優先した場合にはどこかで自己矛盾を来すからです。

注1　カントは言います。

「（『対象＝物自体＝客体』によってわたしたちの「認識」が決められる、という考え方が常識になっているが、ここでは反対に、「対象」がわたしたちの「認識能力」に従って規定されている、と想定してみたならば、形而上学の課題をよりよく推進することができるのではなかろうか……）この状況はコペルニクスの最初の着想と似たところがある。コペルニクスは、すべての天体が観察者を中心として回転すると想定したのでは、天体の（全体の）運動をうまく説明できないことに気づいた。そこで反対に観察者のほうを回転させて、天体（太陽）を静止させたほうが、うまく説明できるのではないかと考えて、天体の運動をそのように説明しようとしたのである。だから形而上学においても、対象の直観について、同じような説明を試みることができるのである」

（カント著、中山元訳『純粋理性批判1』光文社文庫、二〇一〇年、一五七〜一五八ページ）

右のカントの文章から、あの有名な「コペルニクス的転回」という言葉が後の世の人々の口から生まれたのである。

3節　カント道徳は〈幸福〉を二番目の「人間の使命」として認めている

「カント道徳」の場合、形而上においては、人間の第一の使命（生きる目的）を「徳性を高め、善を行うこと」としていますが、形而下において、善悪の判断の必要がない場面なら「自分の幸福」を求めることも認め、楽しんで良いとしています。形而下の人間の使命・目的として〈幸福〉というものを、道徳に沿うことを条件としてきちっと位置づけているのです。それがなければ「植物体」および「動物体」[注1]としての生命力や生きる気力がしぼんでしまうことをカントは気づいていたのです。そういうことまでを考えるのが〈人間学〉です。そしてそれを踏まえて書かれているのが『実践理性批判』なのです。

このことをカントは次のように表現しています。

「しかし幸福の原理を道徳性の原理から区別するということは、ただちにこの二つの原理を対立させるということではない。純粋実践理性（形而上の純粋な道徳理性）が望んでいることは、人が幸福になりたいという願いを放棄すべきだということではない。ただ、義務が問題になるときには（道徳問題に触れる時には）、幸福を全く考慮に入れないことだけを望んでいるのである。

ある意味では、自分が幸福になれるように配慮することは、人の義務ですらありうる。その理由の一つは、熟練をそなえ（知識・技能を備え）、健康であり、富を所有しているなど、幸福であることはみずからの義務（道徳的義務）をはたすための手段を含むからである。

また他方では貧困であるなど、幸福の欠如が、みずからの義務に違反するための誘惑を含むからである」[注2]

さらに「幸福への欲求」を無視したストア学派の厳格な考え方を、カントはこう批判しています。

「（ストア学派は）とりわけ最高善に属する第二の要素である幸福を、人間の欲求能力の特別な対象としようとはせず、彼らのいう賢者とは、あたかも神ででもあるかのように、みずからの人格の優越性だけを意識して、自然（人間の欲望）に全く依存せずに満足することのできる存在とみなしたのである（人間は、幸福欲望を一切否定し道徳性を満たすことだけに満足できる存在＝賢者だと考えてしまったのである）。

彼らは賢者を人生の災い（不幸）に直面させておいて、それに服従させず（負けさせず）、しかも悪からも自由な存在とした（決して悪にも染まらない存在とした）。（中略）これによって幸福という要素をあっさりと捨て去ったのである。もっともこの意識のうちで彼ら自身の［人間としての］本性の声（幸福も求めてやまない人間の本能）が、これに手厳しく反撃したかもしれないのだが。（以下略）[注3]」

ストア学派とは違い、「カント道徳」は形而下（個々の現場）において自分の幸福を求めることを重要なものとして認めています。ただ、道徳的判断が迫られた場面においては〈道徳〉を一歩優先すべきだという点が他の道徳論と違うのです。

注1　第3章1節の平澤興の言葉を参照のこと
注2　カント著、中山元訳『実践理性批判2』光文社文庫、二〇一三年、七一ページ
注3　同前、一五七〜一五八ページ

4節　「プリンシプル（原理）」の可能性

―平和憲法の可能性と「プラグマティズム」の限界―

『日本国憲法』が掲げる第九条「戦争の放棄」という理想は、「歴史的・経験的な印象」では絶対に不可能と考えられるにもかかわらず、その経験を超えて（アプリオリに）目指すべき理想として掲げてある、ととらえることが可能です。つまり、「戦争の放棄」は形而上学上の〈目標・原理〉としてとらえることができるのです。次の文章の「原理・原則」と同じことをこの理想は果たしている、と考えることができるのです。

佐藤隆文著『資本市場とプリンシプル』を書評した文章に、こうあります。

「（資本市場における）プリンシプル（原理・原則）とは、ものごとの望ましい姿や方向感を原則として明示し、法令やルールの背後にある基本的な精神を行動原則として生かすための規律づけである。

資本市場が具備すべき資質には取引の公正性や情報開示の信頼性など様々な要素があるが、それらを通じて資本市場の品格と国際競争力を高め、持続的な発展を目指すことが本書全体のテーマだ[注1]」

この文章こそ、〈カント形而上学〉の「役割」の何たるかを見事に表現しているものです。「望ましい姿や方向感」「背後にある基本的な精神」「行動原則」「品格」「持続的発展」などは、そのまま形而上の「カント道徳」の要件を説明する言葉として転用できます。

そこで同じように、「憲法」は形而上のもの、それに対して、「法律」や「条令」や「規則」は形而下のものであるととらえることができます。

形而上の憲法を現実化するには、それを実現するための「法律」や「条令」や「規則」を作っていくことが必要となるのですが、現時点の世界の人々は、自分の国だけの、そして自分の世代だけの〈幸福〉を求める欲望が強すぎて理想への接近が叶《かな》わず、足踏み状態になっていると言えましょう。いや、むしろ後退さえしているようです。

その本質的理由は、憲法や法令を根本で支える「道徳性」が欠けているからです。

理想の実現のためには、各国の国民が日常の中で「自分と他者の人間性をいかなる場合にもたんに手段としてはならず、常に目的そのものとして大切に扱いなさい」というカントの〈善の定式〉に目覚めて、次第にその意識が日常を通じて国民の性格として強固になっていくという「基礎づけ」が必要だと思います（これはそのままSDGsの実現の条件にも通じています）。

そのようにして、〈善の定式〉に目覚めた国民が多くなった時、その総意で**〈目的の国〉**（自国と他国を常に〈目的〉として大切に扱おうとする国）が実現でき、その〈目的の国〉同士が集まった時、「国連」がまさに本格的に稼働するのだ、とカントは考えていました。つまり、「法令」によるトップダウンでなく「道徳性」によるボトムアップを目指すべきなのです。

「目的として扱う」とは、命・尊厳・生まれ持っての資質や個性・他者に悪を為さない範囲での信条や自由……を大切に扱うことを意味しています。

「国連」の発想は晩年のカントによる「永遠平和のために」という論文（一七九五年）によって世界で初めて提案されたものであることをここで確認してほしいと思います。[注2]

そこで問いを立ててみます。

日本の平和憲法も資本市場のプリンシプルもSDGsも、これまで部分的に実践されたことはあるが、一度も完全に継続的に実施できていないから、意味がないと思いますか？

…これに答える時、形而上学と形而下学の区別と連関の発想が加わると、これまでとは全く違った力強い説明展開になります。

たとえば日本の平和憲法「戦争の放棄」について。

世界平和実現への道のりの全体像を、形而上と形而下の上り下りをしながら、丁寧に描いていくわけですが、その中に戦略として「二歩前進のための一歩後退」も考えられなければならず、形而下の「法律」に「自衛隊」を手段として位置付ける、という考え方もありうるわけです。「もし敵国が攻めてきたらどうしよう」という不安のために、防衛力増強を支持する国民が今や国民の半数を超えている点を無視することは到底できないために……。

けれども、この自衛隊の位置づけは「世界平和」の実現が前進していくにつれて次第に消えていくことになります。それが形而上の平和憲法の命ずる「ゴール」であり

「全体像」であるからです。

しかし、もし「自衛隊」を形而上の「憲法」の中に位置付けたなら、「自衛隊」が手段ではなく目的そのものとなります。

そのために、多くの権力と資本が大手を振ってそこへ集中し始めます。やがて「自衛隊」の存在によって権力と資本を得た「軍需産業」（自衛隊は軍隊ではないと位置付けされているので、「防衛産業」と呼ぶべきかもしれませんが、本稿では「軍需産業」と呼びます）が、札束で国会議員を動かすようになり、国会は自衛隊と軍需産業の意のままになっていくことでしょう。気づいた時には「自衛隊」は人間の手に負えない「怪獣（リヴァイアサン）」と化し、「平和」のためではなく「自衛隊」と「軍需産業」の存続と強大化のために暴走を始め、「戦争を誘発するための外交」までが画策されるようにもなるでしょう。つまり、国民を守る「手段」のはずだった自衛隊が、逆に国民を「手段」とし始めるのです。

そのことは、かつての日本が第二次世界大戦へ向かっていった時の軍需産業を背景とした軍部の力の増大の「構造」を学べば、容易にシミュレーションができるはずです。

「構造」が一度できてしまうと、自分の目先の幸福を優先している大多数の国民は、簡単にその構造に巻き込まれて誤った判断を積み重ねていくことになります。

したがって、「自衛隊」を法律の段階にとどめるのか、それとも憲法に格上げするのかでは、最終的には天国と地獄の違いをもたらすのです。これは論理的必然の問題です。エビデンス（証拠）は不要です。「哲学」の凄さはここにこそあるのです。

その証拠に、米国のアイゼンハワー大統領がその退任演説（一九六一年）の中で「米ソ冷戦下、軍需の拡大が生んだ軍と産業界の『軍産複合体』が民主主義を脅かす」と警告し、またアイクという愛称で呼ばれていた元将軍は「この軍産複合体の傾向を私は十分統制できなかった」と述べています。[注3]

つまり、一度構造ができてしまうと、戦争を避けたいと思っている政治家にも軍統括者にも、制御が不能となることが述べられているのです。もちろん国会でも同様です。

そして、それは民主主義国アメリカだけでなく共産主義国である中国でさえも起こりうることのようです。今、中国軍の制服組の上層部の解任が相次いでいるというのです。その理由は、軍の上層部の「汚職」です。多額の予算が動く軍の装備品。そこに渦巻く企業と上層部の結託。それは放っておけば中国共産党の権力を上回っていく

危険性もあるため、習近平国家主席の悩みの種だというのです。[注4]

映画「スノーデン」をご存じですか。二〇二四年一月十二日、NHKBSで再放送されました。もと米国のCIAのエドワード・スノーデンが二〇一三年に「国家安全保障局が国民の通信記録を収集している」という真相を暴露し、ロシアに逃亡するまでの物語です。その中で一番私が気になったのが次の場面でした。スノーデンの指導者（かつて、情報収集においてかなり優れた仕事をしてきた人）が次のようなことを語っていたのです。

「私はインターネット内のテロリスト情報を収集する仕事をしていたが、ある日突然左遷された。理由も説明されずに。そして、その二年後9・11のニューヨークテロ事件が起きた。スノーデン君、君は情報というものは諜報業界（CIAなど）のためにある、そう思っているだろう？　だが、すべての方策を決めているのは──【　　】が潤う管理体制なんだ。」（以上、夏目による要約）

右の【　】の中にはどんな言葉が入るか、前節から推論してみてください。

答えは**【軍需産業】**です。つまり、二〇〇一年に起きた9・11のテロ事件は、軍需産業筋によって、しっかりとした情報収集ができないように操作され続け、その結果としてついにテロが実行されてしまった、とその指導者は告白しているのです。この話題についてはすでにネットにも上がっていて騒がれた時期がありましたが、その後は何事もなかったかのように終息しています。

そして、最近ではロシアのモスクワ郊外において、二〇二四年三月二十二日夜、武装グループによるコンサート会場襲撃があり、百人以上が犠牲となる事件が起こりました。

ところが、三月二十四日付の『朝日新聞』によりますと、この事件の前に米国からロシア当局へ「攻撃計画の情報」がもたらされていた、とあり、さらにその記事の下には、富樫耕介《とがしこうすけ》・同志社大学准教授（旧ソ連地域研究専門）が「テロ対策に特に力を入れているモスクワに近い所で、ロシア連邦保安局（ＦＳＢ）が今回の事件を未然に防げなかったことのほうが疑問だ」と述べていました[注5]。

つまり、先の米国９・１１ニューヨークテロと同じような構造で、プーチンの裏からの操作によって今回の事件が起きてしまったのではないか、という憶測が可能というわけです。

私がここで言いたいことは、このような「情報操作」がいとも簡単にできてしまう人間社会においては、〈正義論〉に立って判断を重ねる限り、国民は欺かれ翻弄され続けて、結局は「戦争」へと巧みに誘導されていくだろう、ということです。

しかし、もし〈正義論〉よりも〈道徳論〉を一歩優先する国民が多くなったなら、たとえニセ情報に欺かれても、それに翻弄されることはなくなります。ここがポイントです。

正義を盾にした戦争肯定の理論に惑わされることなく、善か悪かで判断する道徳的立場を優先することが信念となります。カント道徳の凄さはここにあります。[注6]

さて、話を元に戻しますが、現代では脳科学的見地から〈共感性〉を道徳の基礎に置こうとする研究もあります。が、これもカントに言わせれば「経験論」の範疇《はんちゅう》でしかありません。人間には脳幹や旧皮質だけでなく、新皮質があり〈理性の力〉があるのですが、その可能性に全く目を向けていないからです。[注7]

しかし、カントのように例外の生じない（つまり普遍的な）道徳の基礎的な在り方つまり原理を求めるとなると、「感性」に基礎を置く経験論では不可能なのです。なぜなら、部分的にしか通用しないからです。

普遍的な道徳原理を求める場合は、「幸福欲求」などの形而下で生ずる恣意的な条件を一度はあえて捨てて（捨象《しゃしょう》して）、かくあるためにはかくあらねばならないという必然性にそってその答えを求めなければなりません。そこに形而上学という領域の必然性が生まれます。そう、個々の条件を捨象して普遍性を求めて基礎や原理を立てられる領域、それが〈形而上学〉なのです。

注1　小関広洋の書評。『日本経済新聞』読書欄。二〇一九年、七月二十日付
注2　カント著、中山元訳『永遠平和のために／啓蒙とは何か　他3編』光文社文庫、二〇〇六年
注3　「天声人語」『朝日新聞』二〇二三年十二月二十五日付から
注4　「習氏『反腐敗』闘争―軍が焦点」『朝日新聞』二〇二四年一月十日付記事から
注5　『朝日新聞』二〇二四年三月二四日付から
注6　第8章も参照のこと
注7　1章5節の、共感のホルモン「オキシトシン」の害も参照のこと

5節　鍵山秀三郎氏の「掃除道」に学んだ木南一志氏

ひとつ例を示しましょう。

「掃除道」を追求しつづけ、日本全国そして世界にも掃除の運動を広げているイエローハット創業者の鍵山秀三郎《かぎやまひでさぶろう》氏。氏の語録が載っている「日めくりカレンダー」の言葉。ここに出てくる言葉のいくつかは、「形而上の理想」を述べたものと言えます。それらの言葉を見た人の何人かは、感ずるところがあり、それに引っ張られるようにして徳性を向上させていきます。

長年、鍵山氏の掃除道に感化されてきた、木南一志《きみなみかずし》氏（新宮運送社長）が次のように語っていました。

「掃除を始めて八年目に例外を一切なくすことにしたんです。それまでは雨の日などは言い訳をつくって掃除に出ないこともあったんですけれども……。きっかけは鍵山さんの日めくりカレンダーでした。その日は二十一日で、そこに『「晴れたら実施、雨なら中止」というように、あいまいな基準をつくるから徹底されません。例外をつくらないことです』と書いてあったんです[注1]」

「曖昧な基準」は最初から人間の幸福欲求（楽をしたい、雨の日はやめておきたい）を考慮した基準です。これは形而上の行動方針とは言えません。形而上という領域では例外も許さないからです。一方、例外を認めるのが形而下です。それに対して「例外のない基準・行動方針」は「人間の幸福欲求」を一切除去したものですから、これは形而上でしか創りえないものです。

しかし、このような純粋な形而上の行動方針は、形而下（個々の現場）で常にそれを実行することは無理です。人間は「神」ではないからです。にもかかわらずそれを掲げるという場合には、我々にとってはあくまで「目標」としてしか措定できないことになります。そして、形而下（個々の現場）においてはその目標に引っ張られるようにして、たとえば「掃除を休むことが少なくなる」という成長が可能になっていくのです。

カント道徳においては、形而上で普遍的な原理・形式として創られたものが〈定言命法〉です。そして、例外のない基準だからこそ、形而下に生きる人間の希望の星となり、ぶれない規準となり、強い支えとなるのです。この理屈、わかりますか？
もっとも、木南氏のように形而下でも例外をつくらないと決意したなら、それはもうストア学派や修行僧のような境地を目指していることになり、普通の人間には困難な例外的な実践ということになりましょう。[注1]
そうなのです。**形而下においても絶対に例外をつくらないと決意した生き方を目指すのが「修行」であり、その点が努力義務としての「修養」と異なる点なのです。**
が、カントは普通の人々に「修行」を強いることには反対しました（自分で決意する分には構いませんが）。カント道徳では、形而下ではあくまで「努力義務」としていて寛容性がある点がストア学派とは決定的に違います。しかし、カント道徳のこのユルい点を多くの人たちがずっと見落としてきたのです！

注1　「凡事徹底の人　鍵山秀三郎さんに学んだこと」月刊誌『致知』二〇二一年六月号
注2　なお、以下に新宮運送の木南氏のメッセージ（ホームページから）を紹介する。
「イエローハット社創業者の鍵山秀三郎社長から思いがけない便りを頂きました。わざわざ本場ブラジルのプロポリスを（私の癌病の）見舞いとして頂き、それに同封され

ていた中国春秋時代の斉の政治家『晏子』の本を読みました。その中の『益はなくとも、意味はある。利益や見返りがないからといって、積み重ねた努力は無意味ではない。利益を求める生き方よりも、意味のある生き方をめざそう──。』という言葉に、自分の人生観や経営スタンスを大きく変えるような衝撃を受けました」（傍線は著者）

右の傍線部こそ鍵山秀三郎氏の「掃除道」の神髄ですが、実は「カント道徳」の神髄でもあります。「掃除の実践」で大きく成功する人は、限りなくカント道徳の精神に近い人と言えましょう。

6節 〈幸福〉という言葉に翻弄される人間

以上のように言いますと、こんなことを言う人が出てきます。

「〈幸福〉と言っても、人に親切をすることで満足を感ずるような『善い幸福』と、人に嘘をついて利益を得、シメシメと感ずるような『悪い幸福』とがあるので、『善い幸福』だけを求めることを人間の目的と動機にしたらどうでしょうか?」と。

このような考え方の問題点は、〈幸福〉という言葉表現（シニフィアン）が最初から本質的に善と悪の異なる意味内容（シニフィエ）を併《あわ》せ持っている点の問題性に気づいていない点です。

そのため、実践上では混乱が必至《ひっし》なのです。いちいちそのたびに「どっちの幸福ですか、善の幸福ですか、悪の幸福ですか?」と問わねばなりません。しかし実生活の中ではそんな面倒な手続きはとれませんから、送り手は送り手の思い、受け手は受け手の勝手な憶測で〈幸福〉という言葉を使いその意味を決めているのが真実です。

そればかりでなく、行為者自身をもいつの間にか欺《あざむ》いていきます。本当は「悪い幸福」を求めているのに本人はそれに気づかないことも多いのです。

また、「いじめを止めに入ったら、次は自分がいじめのターゲットにされる」という〈不幸〉が予感できる場合も多いのです。つまり〈不幸〉を感じてしまう「善」もたくさんあるのです。

ここで押さえてほしい点は、それを行えば自分が不幸になってしまいそうな「善」をあえて行う力や「悪」を避ける力は、〈幸福〉を動機と使命とする道徳論からは育てられないという点です。そして、〈幸福〉になろうとなるまいと、そのようなことには影響されない「動機」が道徳論の基礎にならねばならない点です。

このことの重大性に気づかなければなりません。

結局、〈幸福〉という言葉を道徳論の基礎として使っている限りは、一部分しかその効力を発揮できないのです。これが〈幸福〉という言葉の魔性であり問題点です。

これではカントが求めている〈普遍性〉が保証できません。「幸福になること」を使命とした道徳教育は「半分は善を奨励するが、半分は全く機能しないかむしろ悪を促進してしまう」と言えるからです。そしてその〈普遍性〉の保証のない道徳論が「これまでの道徳論」だったのです。

7節　基礎を個々の場で応用する

そこでカントは、形而上において、人間が道徳行為をしている時の心理状態の中から、共感性や幸福欲望をそぎ落とし、道徳理性的な意志だけを純粋培養的に抜き出し、それを行使できる人間を〈**理性的な存在者**〉としてあえて措定《そてい》しました。さらに、その存在者の道徳的理性を〈**純粋実践理性**〉と名付けて固定しました。これは理論上（あくまで理論上）、道徳をいつでも完璧に実行できる理性です。その道徳理性の保持者は、どのような場面でも自分の幸福欲求に左右されずに道徳を実行できる存在者です。〈普遍性〉が保証されているわけです。おそらくこの境地は、「悟りの境地」と言えましょう。神や聖人だけが持てる境地でしょう。とはいえ、普通の人にも一時的には可能な境地です。

以上のような理論構築作業が行われる、純粋に理性的思考の領域がカント独自の〈形而上学〉です。

しかし、形而上で創られた道徳理性や原理は、あくまで純粋培養されたものなので、そのままで形而下の個々の現場に下ろしたなら、あまりに理想的で厳格にすぎて、とてもこの通りにはできません。形而下の個々の現場では生身《なまみ》の欲望にまみれた人間がそれを実践するのですから、形而上の理論はあくまで基礎・基本としての限界を持つこととなり、形而下においてはその基礎・基本は応用として活用されることになります（この部分は論理的必然ですが、「応用として活用される」といった表現自体は夏目の敷衍《ふえん》です）。

ここで自分の体験を思い出してみましょう。サッカーでも数学でもバイオリンでも絵画でも芸能でも、あらゆる分野において、「基礎・基本」はそのままでなく「変化」させて活用されている、ということを。さらにその分野の基礎・基本を身につけている方が将来ずっとその分野で自由に羽ばたけるということを。しかし、もしその変化の場面だけを見て、変化の部分を基礎・基本として措定してしまったなら、どうなるでしょうか？　癖のある応用性の狭い基礎しかできないでしょう。道徳の領域では仮言命法がそれにあたるのですが。

そこでカントは、そういった「経験（アポステリオリなもの）」を超えて（とりあえず無視して）、アプリオリに（経験を超えて）、普遍的に善を実践できる原理・基礎の構築を「理性」だけに頼って創造したのです。これらはカント独特の形而上で行われることです。

さらに、形而上の「原理・基礎」は、形而下に降りた時、個々の現場や目の前の相手に応じて自在に変化させながら使うものであり、そのままで使うということはまずありません。もし状況に応じて自在に変化させなかったなら、刻々と変わる現場の状況にみごとに対応させることはできず、不満・挫折・トラブル・矛盾が生じてしまいます。ですから、応用段階においては「基礎」は変化させて使う宿命にあるのです。

このように、形而上の理想と形而下の欲望を持った人間とを統合する場が〈カント形而下学〉です。

以上の意味合いを含めて、形而上の原理・基礎を説明する著書の書名は『道徳形而上学の基礎づけ』（光文社）なのであり、あくまで「形而上」での「基礎づけ」（原理の措定）なのです。

なお、これらの学びを西洋の哲学に応用しますと、見えてくるものがたくさん出てきます。たとえば、プラトンの「イディア」とは、カント形而上で創られる理念のことである、などなど。それらについてはまた別の機会に詳細に述べたいと思っています。

第7章 〈行動方針〉の二重性

「まずは、心を高めなければならない、心を美しくしなければならない、と思わなければならない。」(稲盛和夫)……これが形而上で立てる行動方針である。

「そうしても、われわれは煩悩、欲にまみれた人間であるから、なかなかそうはなれない。なれないけれども、『ならなければならない』と思い、反省する。この反省があるから、また努力をしようと心がける。」……これが形而下における道徳的実践(修養)である。

はじめに

1 カント著、樽井正義・池尾恭一訳「人倫の形而上学」『カント全集十一』（岩波書店、二〇〇二年）二五四、二五九、二六〇ページ、見出し二五五ページ

2 カント著、中山元訳『実践理性批判2』（光文社文庫、二〇一三年）三八、四七、一一三、一五七〜一六二ページ

3 カント著、中山元訳『純粋理性批判6』（光文社文庫、二〇一一年）

4 カント著、中山元訳『道徳形而上学の基礎づけ』（光文社文庫、二〇一二年）六一、七六、八三、二一五〜二一八ページ

1節 企業家・稲盛和夫氏の行動方針

カント道徳の世界では、人間の生きる使命を「徳性を高め善を行うこと」に置いていますが、第二順位として〈幸福〉を置くことを認めています。善悪の判断の必要のない場面がおそらく人生の大部分でしょう。そこでは〈幸福〉を自然に求めて良いのです。紅茶にケーキを味わいながら親しい友と談笑したり、冠婚祭を大いに楽しんだり、サッカーやバレーボールの世界大会に熱中して感動の涙を流したり、自分の趣味に没頭したり……と。

私も「カント道徳」を実践しつつ、〈幸福〉を自然に楽しみます。もし、これらが認められなければ、人間の「植物的生命」および「動物的生命[注1]」としての生命力がしぼんでいくばかりでしょう。

ただし、善悪の判断が必要な時には、〈幸福〉よりも〈善・徳〉を一歩だけ優先することが努力義務となりますから、その時に道徳的選択ができるためには、日ごろから「徳性を高め善を行おうとする心のコップを上向きにして、修養をしていること」

が必要となります。そのためにはどこかで「心のコップ」を上向きにする決意をし、覚悟を決めることが必要となります。

しかし、まさにこのような〈修養〉の視点がこれまでの道徳教育に決定的に欠けていたと言えましょう。いざという時、幸福欲望に押し切られてしまっている実態に今こそ気づかねばなりません。

たとえば次の起業家のような〈行動方針〉（＝格率）を持ち、それを目指しながら生きることが必要です。決意して、目指し、失敗して、反省して、新たな行動方針を付け加えていく……このらせん状的な繰り返しがすなわち「修養」の意味です。

以下の引用はある著名な企業家の〈行動方針〉です。


「ほとんどの人は心の大切さに気づかず、心を立派にしようなどということに関心を持たない。まずは、心を高めなければならない、心を美しくしなければならない、と思わなければならない（決意しなければならない）。そうしても、われわれは煩悩《ぼんのう》、欲にまみれた人間であるから、なかなかそうはなれない。なれないけれども、『ならなければならない』と思い、反省する。この反省があるから、また努力をしようと心がける。このことが人生にとっては大切なのである」

「人生というのは魂の修行の場ではないか。苦難は魂を純化、深化させるために与えられている試練であり、成功体験もその人間がどこまで謙虚でいられるかを試すものでしかない」

「大きな夢を描き、それを実現しようとするとき、『動機善なりや』と自らに問わなければなりません。自問自答し、動機の善悪を確認するのです。

また、仕事を進めていくうえでは『私心なかりしか』という問いかけが必要です。自己中心的な発想で仕事を進めていないかを自己点検しなければなりません。

動機が善であり、私心がなければ、結果は問う必要はありません。必ず成功するのです。

第二電電（現ＫＤＤＩ）設立前、約六カ月もの間、毎日、どんなに遅く帰っても、たとえ酒を飲んでいようとも、必ずベッドに入る前に、『動機善なりや、私心なかりしか』と自分に問い続けました。通信事業参入の動機が善であり、そこに一切の私心はないということを確認して、ようやく手を挙げたのです」[注2]

以上は、京セラの創業者にして、京都賞の設立者、ＫＤＤＩ創業者、ＪＡＬの再生を陣頭指揮して成功させた、稲盛和夫氏の言葉であり、その〈行動方針〉です。

このように、カント道徳の理念と同じ〈行動方針〉を持って生きている人物が実際にいるのです。しかも「利益」を求めなければならない企業家として大きな成功も果たせているのです。いや稲盛氏に言わせれば、この生き方をしてきたからこそ、自己矛盾せずに、成功が永続できたと言えましょう。

カント道徳の〈原理・基礎〉を形而下で実践することは決して不可能ではないのです。その気になれば（決意すれば）だれにでも可能なことなのです。カントの〈形而上学〉は机上の空論ではないのです。

注1　第3章1節の「第十六代京都大学総長の平澤興の脳神経解剖学者の立場から考察」を参照のこと

注2　稲盛和夫著『稲盛和夫一日一言』致知出版社、二〇二一年、六、二一、一一〇ページ

２節　形而上と形而下の〈行動方針〉の区別と連関（統合）をどう実現するか

ここでのテーマは形而上の〈行動方針〉と形而下の〈行動方針〉との区別と連関（統合）をどう図るか、です。この節がカント道徳の「実践上の核心」であり、カント研究者たちにとってのアポリア（難問）ですから、私は力を振り絞ってこの問題を解いてみたいと思います。

その1　形而上の「原理・基礎」の役割　――霊魂不滅の要請――

「〈幸福〉を失いたくなかったなら、嘘をつかなければならない」といった場面においてでも、必ず、そしていつでも、「幸福への欲求」を念入りに除去して〈道徳性〉

に沿って判断できる人間などはこの世にはなかなかいませんが、理論上で「そのような人間」を措定《そてい》できるのが形而上の特権です。

が、このようなことを言うと、そんな架空の措定になんの意味があるのか、とすぐに反論が飛んできそうです。その反論にお答えしましょう。

まず一つは、形而上で措定された理想は、たんなる非現実的な理想ではなく、個々の現場でも（形而下でも）時々実践されている、という点です。人間は時々、自分がたとえ不幸（不利益や不快の状態）になろうとも〈善・徳〉の道に価値を感じてそれを実行することがあるのです。歴史上にもそういう偉人がこれまでにたくさんいました。つまり、人間には自分の〈幸福〉を捨ててでも〈善・徳〉に生きることのできる可能性があるのです。そしてこのように己の欲望を道徳理性で自在に抑制し、道徳性を発揮できることがカントの言う〈自由〉です（なお、法令違反で罰せられるから悪いことはしない、というのは〈他律〉であり、カントの目指す〈道徳的自由〉ではありませんね）。

しかし、「人間」である限り常に百パーセントの実行は無理ですね。仮に、完璧に行うためには肉体の死による「欲望・煩悩」の消滅が必要であり、その後に〈霊魂〉だけは生き続けることを信ずる必要がある、という「理屈」が考えられます。

実はそのように考えたカントは、完璧に善を実行することを自分に求めた場合、人間というものは〈霊魂の不滅〉を要請せざるをえなくなるはずだ、という結論に至ったのです[注1]。もっとも、この考えはプラトン[注2]からも学んだらしいのですが。

しかしカントはさらに進めて、死ななくとも努力次第で漸近線《ぜんきんせん》のように限りなく百パーセントに接近することが理論的にも実践的にも可能である、とも考えていました[注3]。そして、生きている人間はそれをこそ目指すべきだとし、また、人間にはこれを実行する〈自由〉〈能力〉があることにも気づきました。〈社会的欲望〉や〈本能的欲求〉[注4]に逆らってでも〈善〉を実行できる〈自由〉が！ 〈能力〉が！ そしてその点が、ほとんどを本能（＝自然）に支配されている〈動物〉との決定的な違いである、と考えたのです（だから「善の実行」が人間としての使命だと考えざるをえないのです）。

加えて、形而上に完璧な道徳像を思い描くことの重要性についても述べておきましょう。

明確な目標・目的・志（カント道徳では道徳法則や行動方針がこれに相当するのですが）を持つ者は強いですね。かなりの困難に耐えられます。（道徳の領域の例ではありませんが）金メダルを目指している人は、信じがたいハードな練習に耐えることができますが、もしそのような目標がなかったならどうでしょうか？ とても耐えられませんね。

金メダルを目標に持つように、道徳法則や行動方針を最終ゴールとして措定する場が〈形而上〉です。個々人の心の弱さや幸福欲望を捨象《しゃしょう》した（便宜上とりあえず切り捨てた）、〈理性的な存在者〉（純粋に道徳的な存在者）が観念的に生きる場が形而上です。一方、「形而上の理想」を目指しながら、何度失敗してもあきらめずに反省をし挑み続ける場がカントの目指した（理想の）〈形而下〉なのです。

その2 大谷翔平選手を例にして

〈形而上と形而下の区別と連関〉の理解のために、〈道徳論〉そのものとは若干離れますが、一つのたとえ話を挙げてみます。

野球の大谷翔平選手は現在大リーグで投手と打者の二刀流を実現していますが、高校時代から、形而上の目標として「大リーグで活躍する」という理想のゴールをかかげていたことはもちろん、そこへ至るためのステップ（個々の目標）も細かく「目標シート」に書いていましたね（曼荼羅《まんだら》の表）。

そして、形而下の実践においては個々の目標通りに行かない場合は、反省をかさね、改めて行動方針を付け加えたりしつつ、一つ一つを習慣化し、肉体化・技化することによって、今の二刀流実現という高い境地にたどり着いたと言えましょう。

ここでは形而上と形而下の頻繁な上り下りが行われているわけであり、弁証法の三大法則の一つである**〈対立物の相互《そうご》浸透《しんとう》〉**が行われていますが、これが「連関」の在り方です。

時には予定通り実行できない日もあったことでしょう。しかし、形而上の理想は微動だにしませんから、それを「規準」にして反省をし、何が足りなかったのかを考え、その克服方法を新たな〈行動方針〉として加え、翌日からは、またその理想に向けて改めて努力を始めたことでしょう。

こんなエピソードもあります。高校時代、公式試合前日だというのに、大谷選手がいつもの厳しいルーティーンをしていたのです。それを見たチームメイトが「試合前日なのに、どうしてそこまでするの？」と聞いたところ「目指しているのは明日の試合ではなく大リーグで活躍することだから」と答えたと言います。

さらに、高校時代の「目標シート」には技能面だけでなく人格面（道徳性）の目標もありました。そこには次のようなことが書かれていました。

「いい選手になるには人間性が必要だ。感謝・継続・信頼される人間・礼儀・思いやり・愛される人間・感性・計画性……が重要だ」

ただし、大谷選手の「人格面」の優秀性において見落としてはならないのは、普通の人以上に家族愛に恵まれて大切に育てられてきたという前提条件がある点です。末っ子として母親の愛情をたっぷりと受け（だから大谷選手はママ大好き人間だと言われていますね）、それだけでなく、小学校時代は父親が野球チームのコーチでもありよく面倒をみていました。このように両親の愛情をたっぷりと受けてきたことで、根っからの素直さがあり人格面の目標も他の生徒たちよりも順調に実現されていき、今や大リーグでは技能と人格の二刀流が話題となり、一層人々の感動と尊敬を巻き起こしていると言えましょう。

しかしもし乳幼児期に家族からのケアが不足していてルサンチマン（特に乳幼児期、十分大切に世話されなかったと感じてしまったことによる恨みつらみのエネルギー）が強い人の場合は、なかなか大谷選手のようには素直になれないものです。ペスタロッチの言うように「人は大切にされることを通して人を大切にするようになる」のですから。[注5]

とは言え、大谷選手も人の子。彼の人格面での優秀性は、どちらかというと乳幼児期からの恵まれた家族関係で無意識的に養われ（つまり理性で鍛えられたものではなく）、また野球に目覚めたあたりからは仮言命法で裏打ちされてきたものなので、その点においてはもろい部分がありましょう。つまり、自分の好きな野球での「幸運」を引き寄せるために、ごみ拾いをし他者を大切にするという理屈ですから、これは仮言命法の道徳性です。彼にとっては野球の世界で最高のパフォーマンスをして勝負に勝つことが（つまりは自分の〈幸福〉が）目的ですから（今のところ）、「人格の向上」はそのための手段に貶《おとし》められていることに（理屈では）なります。

ですからこのままでは、スランプやケガが度重なってパフォーマンスが思うに任せない時が長く続くようになったり、チームが負けてばかりいて優勝からは程遠い状況が続くようですと、自分の「道徳的行為」に対する「関心」が薄れたり「疑心」が生まれてしまうことが可能性として予想できます。そのような場合、自棄《やけ》になってしまう可能性が予測でき、今までのような「徳性」の発揮は難しくなるかもしれません。そうなると、十倍返しの非難が周りから浴びせられてしまうことが心配されます。

ただし、大谷選手の場合は、乳幼児期から家族愛に恵まれて大切にされてきたことで、普通の人よりも「ルサンチマン」は少なく、〈良心〉が素直に育っているので、それほど大きな変節はしないだろうと予想できます。つまり、順調に成長してきた〈良心〉という駆け引き抜きの〈善への心〉が仮言命法の欠陥を補ってくれる可能性が大きいと思われるのです。

大谷ファンにとっては反論をしたい部分があるかもしれませんが、これは仮言命法の行為についての論理的必然としての推論であり、哲学領域の理論のお話であり、決して好き嫌いで述べるような問題ではないので、そこを理解していただきたく思います。

その3　イチロー選手を例にして

個々の現場（形而下）においては、人間は、様々な利や快への欲望（幸福欲望）に逆いきれない存在者であり、形而上では「嘘はつくまい」という行動方針を立てていても、形而下（個々の現場）では自分に不利な場合にはついつい嘘をついてしまうものです。カントはそれを認めます。「それはそうだろう、だって人間だもの」と。

しかしそれで終わらないところが「カント道徳」です。

もし形而上の行動方針を堅く保持しているなら、個々の現場（形而下）においてやむにやまれず嘘をついてしまっても、それに流されっぱなしになることなく、気持ちをリセットして、「振り返り・省察・リフレクション」を行って、次の時には嘘をつかなくてすむようにするにはどうしたらいいか、と思いを巡らすことを、まさにその形而上の堅固な行動方針が命じてくるのです。

その「反省」によって生き方を改善し、嘘をつかないで済むようになるのです。形而上の行動方針を実現したいと思うと、そうせざるをえなくなるからです。

そのような「振り返りをする→新たに行動方針を追加する」……という積み重ねの中で、まさに目指すべき「道徳性」が養われ、強くなっていく、成長していくのです。肉体が死んでもなお完成はしないけれども…。

ここで日米野球で活躍したイチロー選手の言葉を思い出します。

「小さなことを積み重ねることが、とんでもないところへ行くただ一つの道」

イチロー選手は野球という領域において、振り返りを積み重ね、そのたびに「小さいこと」＝「小さい習慣」（道徳の〈行動方針〉に相当する）を増やしていき、いつの間にか「多くの」行動方針が習慣化し技化していたと同時に、その質も高まっていき、その結果としていくつもの世界的新記録をうちたてることができたと言えましょう。イチロー選手の言う「多く」とは、回数だけでなく種類の多さも指しているわけです（ただし、この例は道徳領域ではなく「熟練」領域の例ですので、ごっちゃにしないで下さいね）。

カントは言います。

「だからそもそも道徳的な心構え（行動方針）は（形而下では）心の傾き（習慣化した欲望）と闘わねばならず、この闘いに道徳的な心構えが何度も敗れた後で、次第に心の道徳的な強さが獲得されるのである」注6

あるいはカントは次のように「上達論」の必要性を訴えます。

「理性的ではあっても有限な存在者（人間のこと）にとっては、道徳的な完全性は「一挙に実現されるのではなく」低い段階から高い段階へと無限に進歩することによってのみ実現できるのである」注7

形而下の実践においてたとえ「何度も敗れ」ても、形而上の行動方針が揺るがなければ、それを規準に「反省」することが可能となり、次第にそこに近づいていける(上達していける)のです。これが「カント道徳」の実践上の核心部分です。ここでは上達論の考え方が必要とされています。

その4 仏教の「願心・菩提心」を例にして

このことに関連して紹介したいのは、鎌倉円覚寺の横田南嶺管長の言葉です。

「我われ仏教では使命感のことを『願心《がんしん》』や『菩提心《ぼだいしん》』といいます。薬師寺の名管長として知られる故・高田好胤《こういん》師に『永遠なるものを求めて永遠に努力する人を菩薩《ぼさつ》という』という言葉があるんですけれども、こういう気持ちがなければ伸びていきようがありません[注8]」

右の「永遠なるもの」とは、カント道徳では〈形而上の道徳法則や行動方針〉に相当します。これらは普遍性と必然性を持っているからです。また「願心」や「菩提心」は、その永遠なるものを目指そうとする「意志」に相当します。表現を変えれば「徳性を高め善を行わんとする心のコップを、上向きにして生きようとする意志」になります。

以上を踏まえることで、カント道徳における〈道徳性〉の定義が次のように発想されてきます。

〈道徳性〉とは、端的には「善・徳への意志」のことである。わかりやすく表現するなら、徳性を高め善を行わんとする心のコップを、上向きにして生きようとする意志のことである。[注9]

そして、この「意志」のことをカントは〈**純粋実践理性**〉と名付けました。

なお、この「意志」を持って生きたいと思うその原動力は、主観的には、この生き方こそが自分や社会に自己矛盾を起こさず、自分も他者も人類も持続可能性を保証されるから、という納得・得心にあります。[注10]

もしこのように形而上の目標を持たないで、最初から形而下だけで道徳というものを考えていきますと、さて、どうなっていきましょうか？

どうしても〈幸福〉が優先されていく中で、〈善〉と〈幸福〉のかね合いだけを求めて「嘘も方便」や「中庸思想《ちゅうようしそう》」にならざるをえないでしょう。これでは高い理想に向けての振り返りの機能が働かないので、道徳性そのものを鍛えることができません。

「中庸思想」は、天にも地にも確固たる規準を持たず、現実主義的に現場でどちらの方がよりうまく〈善〉と〈幸福〉とのつり合いが取れるか、あるいはどちらの方が法令を犯さない範囲で〈幸福〉になれるかを求める思想です。そこには純粋な道徳性を鍛える場はありません。「幸福への欲求」と闘う鍛錬というものが必要ないからです。その代わりに抜け目なく〈幸福〉を求めて思慮する力だけが鍛えられますが……。しかし、やがて知らず知らずのうちに「幸福欲望」の蟻地獄《ありじごく》に引きずりこまれていくことになります。

もちろん、高い目標を目指して奮闘した結果として中庸に至ることはすばらしいことですが……。そう、中庸はあくまで結果としてとらえるべきなのです。目標としてはならないのです。

そして、イギリスの「経験論」やその流れを汲んだ**プラグマティズム**（**実用主義**）の欠点もまさにここ、道徳性を鍛えられない点にあると言えましょう。ですからプラグマティズムの盛んなアメリカのような国では国民から次第に「道徳性」が失われていき、それに代わって、「わが正義のためなら、嘘をついて何が悪い」という考えや「ホモ・エコノミクス」のようなものが取って代わるということにもなるわけです。ホモ・エコノミクスとは「利己的動機と利潤の最大化を合理的に目指す人間を原理（足場）にする経済学」のことです。[注11]

日本も、いつのまにかそういう人が目立つようになりましたね。

注1　カント著、中山元訳『実践理性批判2』光文社文庫、二〇一三年、一四六〜一四九ページ

注2　第4章1節を参照のこと

注3　カント著、中山元訳『実践理性批判2』光文社文庫、二〇一三年、一四七ページにはこうある。

「わたしたち人間の本性を道徳的に規定する命題は、『道徳法則に完全にふさわしくなることができるのは、無限につづく進歩の果てにおいてである』ということである」

注4 第10章トピック5を参照のこと
注5 第12章を参照のこと
注6 カント著、中山元訳『実践理性批判2』光文社文庫、二〇一三年、二一〇ページ
注7 同前、一四八ページ
注8 月刊誌『致知』二〇二一年二月号、七三ページ
注9 「心のコップ」という表現は森信三の著書から学んだ
注10 第5章2節〈善の定式2〉を参照のこと
注11 第1章6節参照のこと

第8章 正義論と道徳論の区別が可能となった

正義論と道徳論のすみわけができなかったから、正義を盾にした争いや戦争が肯定されてきた。が、カント道徳論によってようやくその呪縛から解放され、争いや戦争を力強く否定する道が拓けた！

1節　〈正義論〉と〈道徳論〉の違いは何か

―戦争を避ける道筋が生まれる―

カントの〈定言命法〉の創見によって、〈正義論〉と〈道徳論〉を明確にすみ分けることが可能となりました。〈正義論〉は、目的も動機も「自分（たち）の幸福」が最優先で、〈善・悪〉の問題は二の次です。そのため、正義のための誹謗中傷《ひぼうちゅうしょう》も日常の争いも国家同士の戦争も肯定できてしまいます。一方〈道徳論〉は、目的が「徳性の向上と善の実行」であり、動機が「道徳法則に対する尊崇」だけで、〈幸福〉を二番目に置きます。そこでは誹謗中傷も戦争も絶対的な〈悪〉になります。

※カントの〈幸福〉とは、自分（たち）の利や快や情念が満たされる状態に限定します。

これまでわたくしたちが慣れ親しんできた〈正義論〉は、その動機が自分たちの〈幸福〉なのかそれとも「道徳法則に対する尊崇」なのか、その区別がないままのごちゃまぜの理論でした。そのために、ある時は「善」のために、ある時は自分たちの利己的欲望のために「正義」が使用されてきました。同じ「正義」という名の下に…。

しかし、カントの〈定言命法〉の創見によってそのすみ分けが可能となり、「正義論の領域」と「道徳論の領域」の区別がはっきりとできるようになったのです。

すなわち、**〈正義論〉では、目的も動機も「自分たちの幸福」であり、〈道徳論〉では、動機が「道徳法則に対する尊崇」で目的が「徳性の向上と善の実行」というふうに分けることが可能となったのです。**

ただし、カントが直接にこのことを唱えているわけではありません。私がこのことに気づいたのです。カントの定言命法の原理を敷衍《ふえん》することで。

〈正義論〉は自分たちの幸福を最優先順位とする領域であるため、必然的に〈道徳論〉は二の次になります。一方の〈道徳論〉は、善・徳を最優先とする領域であるため、必然的に〈幸福〉はその次に置かれることになります。

でも、このすみ分けがそれほど重要なことなのでしょうか？

それほど重要なことなのです！

〈正義論〉は個人やその共同体の〈幸福〉を求めて行われるものであり、その〈幸福〉の内容は各人や各共同体によって異なるので、必然的に「価値相対主義」にならざるを得ません。そのために、アラブの正義もあればアメリカの正義もあり、互いの異なる正義を主張しあうことで争いが生まれてしまう原理になっています。そう、原理になっているのです。

また、〈正義論〉は幸福が第一なので、幸福になれそうもない時には善を行えない傾向性（習慣化した欲望）を促進する原理となっています。

そればかりでなくやがては、自分の〈幸福〉のためなら〈悪〉を犯しても構わないという考えが許容されてしまうことにもなります。その考え方の一つに「法令に違反さえしなければ、何をしてもいいはずだ」というものがあります。

また、自分たちの共同体の〈幸福〉を最優先するので、そのためなら「戦争」さえも肯定してしまう原理になっています。つまり、人を殺すことが〈正義〉となってしまうのです。

しかし、〈道徳論〉の場合は、〈善の定式〉から言えるように、「人を殺すこと」はどのような理由があろうと〈悪〉なのです。この価値観は普遍的です。相対的ではなく普遍的・絶対的価値となりうるのです。

今の日本の「防衛力増強」の論議もこの〈正義論〉だけで論じられていますね。これだけでは、「戦争を避けるために」と言いながらそれとは裏腹に戦争に向かっていくことになります、論理的必然として。

なぜだかおわかりですか？

隣国が軍備増強をしてしばしば挑発行為をしてくるからと、それに対する対抗処置として〈正義論〉の立場に立って日本も防衛力（＝実質上の軍備）拡張をしていくと、相手国もそのまま黙っているわけはなく、ますます軍備競争は激しくなっていきます。違いますか？

そしてこのような「構造」に一度はまりこみますと、疑心暗鬼が深まっていき、際限のない軍備拡張の競争から抜け出せなくなり、まさにその「構造」が新たな「出発点」となって、構造が「戦争」を欲し始め、その構造にまきこまれた「権力者」や「政治家」や「庶民」は、自分の思いとは裏腹に「戦争」に加担せざるを得なくなっていきます。

ロシアとウクライナの戦争。これも長い歴史の中で築かれたそれぞれの〈正義〉を盾に行われています。それだけでなく、ロシアとアメリカとの長きにわたる確執がそれに火を注いでいます。

この「阿修羅《あしゅら》の正義」に取りつかれた場合、どちらかが「降参」するまで続けることになります。が、どちらも降参しない場合、両者とも「国民全員の死」を覚悟の核戦争へと突入することになりましょう。

当初こそ、国民の〈幸福〉を求めて始めたはずの戦争が、最後には「国民全員の死」という究極の〈不幸〉へと実質的に**「量質転化」**[注1]するわけです。誰もそれを望んでいないにもかかわらず。これこそが「構造の力」です。

日本人はかつてまさにそのような体験をしたのではなかったでしょうか？

なお、そこには「国家」と「国民」の区別がないがしろにされている、という問題点もあります。最後は「国家」の面目・目的より「国民」の命を優先しなければならないのではないでしょうか？　第二次世界大戦での日本は、その「国家」の面目のために原爆の悲劇をまねいてしまったと言えるのではないでしょうか。

ここまできてしまうと「国民の命と生活の安全と、領土を守る」どころではなくなるわけで、これが、〈幸福〉を第一に求める〈正義論〉の、論理的必然としての落とし穴であり結論です。しかし、多くの人々がこの重大な核心にまで「想像の翼」を広げていませんね。

とはいえ、最後の土壇場で、目をつぶってこれまでのすべてをご破算にし、振り出しに戻ってやり直す、という超越的で理性的な判断の道もあることは確かです。アメリカのトランプ前大統領と北朝鮮の金正恩《キムジョンウン》との世紀の会談がそれでした。しかし、外交原理が以前と変わらないなら、つまり「不信・疑心」がその原理なら、再び関係は悪化していき、また戦争へと向かうことになります（実際にまたその方向に向いていますね）。

それに対して、純粋な道徳論の世界、すなわち〈定言命法の道徳論〉の世界は、人間の幸・不幸とは無関係に、それが善いことだから為すべきでありそれが悪いことだから為すべきではない、という、そういうシンプルな判断方法のため、「価値絶対主義」を可能とする世界になります。唯一、「道徳法則への尊崇」を動機として……。

そして、道徳論の場合は〈善の定式〉[注2]に沿って判断をしていくわけですから、その場合は「戦争」は必ず〈悪〉となり、この結論は絶対的です。それぞれの国にどんな理由があろうとなかろうと、です。戦争は〈悪〉になるのです。ですからそこからは必然的に、戦争にならないための「相互信頼」を育てるにはどうしたらいいかを、国の総力を挙げて考えぬき、実践していく道を選ぶことになります。**「信頼」**を外交の原理に措定するのです。**「不信」から「信頼」へ**。これが道徳性に沿った外交原理になるはずです（ただし国同士の「信頼」が確立するまでは、一時的に自衛隊と武装は「一歩前進のための一時的一歩後退」として認めざるを得ないでしょう。国民の多くがそれに賛成するのなら[注3]。

今まで、〈正義〉と〈善〉つまり〈正義論〉と〈道徳論〉の定義があいまいであったために、人間は、「阿修羅の正義論」を否定することができなかったのですが、新しいこの理論によってようやくその呪縛《じゅばく》から解放され、〈道徳論〉の立場で戦争を断固として否定し、〈正義〉よりも〈道徳〉の方を一歩優先すべきだよ、と「戦争」に反対する主張が力強くできるようになったのです。これは画期的なことです！

実は、すでにお釈迦様も同じことを言っていますね。

「自分の考えが正しいと思うところですべての争いが始まりますよ[注4]」

これはつまり、〈正義論〉に立ってそれを互いに押し通すことで争いが始まりますよ、と言っていることになるわけです。

大事なことは、〈正義論〉よりも〈道徳論〉を一歩だけ優先することなのです。

しかし、今の世界は未だに、〈正義論〉と〈道徳論〉の区別をつけないままにごっちゃに扱っているので、その「一歩優先する」ということ自体が成立し難いのです。そのため、正義を盾にされますとみんなが「思考停止」になり、「戦争になっても仕方がない」という考え方に押し切られてしまうのです。

ですから、カントの定言命法をこのように敷衍する（押し広げ発展させる）ことで両者の区別が可能となるという発見は、実に画期的なことなのです。「戦争」を否定できる普遍的な理論が可能となったのですから！

その際、定言命法の場合には、〈道徳法則〉というものがとっても大事なものであり尊崇に値するものであるという気持ちを養って、かつ、それが信念にまでなっていくことが必要となります。

そのために、これからの道徳教育はまさにその「信念」、その「善への意志」の涵《かん》養《よう》を目指して行われるべきということになります。

ところが、これまでの道徳教育では、善いことをすればこういう利や快があるからという、〈幸福〉を動機と目的にして善を「手段」とするものが、無自覚なままに導入されてきた歴史でした。私たちは気づかないうちにこのような仮言命法の道徳にどっぷりと浸かってそれが当たり前になっていて、政治思想も経済思想も個々人の人生観もそれに呪縛されてきたのです、無自覚のうちに……。過激なリベラリズム（極端な自由主義）もプラグマティズム（実用主義）もリアリズム（現実主義）もみなその考え方が基礎になっていますね。

確かに「人間」は〈幸福〉（利や快や情念が満たされる状態）を求めずにはいられない存在者です。ですから形而下（個々の現場）においてそれを完全に否定してしまうことは、人間に「神になれ」と言うことと同じであり、とても無理なことです。さらに、本来「人間」というものは〈理性的存在者〉であると同時にはるかに〈感性的存在者〉（欲望や煩悩を持った存在者）でもあり、この二つが揃ってこそ「人間」です。そのことを押さえた上で、さあ、さらに哲学してみましょう。

注1　弁証法の「量質転化の法則」がここには働いていますね。量的増大が、ある時点まで膨らむと、急に質的な転化をもたらす、という宇宙の法則です。詳細は三浦つとむ著『弁証法はどういう科学か』（講談社現代新書、一九六八年）を参照のこと。

注2　第5章を参照のこと

注3　第6章4節も参照のこと

注4　アルボムッレ・スマナサーラ筆「ブッダの教えから見た平和論　なぜ人は争ってしま

うのか」『Samgha　JAPAN　＋　(サンガジャパンプラス　新創刊号)』サンガ新社、二〇二三年

2節 〈道徳論〉を〈正義論〉より一歩優先すべき理由

〈感性的存在者〉とは、ここでは自分の利や快や情念、すなわち〈幸福〉を求めずにはいられない存在者、という意味です。ところが、人間は感性的存在者でありながら、一方では純粋な道徳理性を事実として持っています。つまり、自分が不利益を被《こおむ》っても、また不快を我慢しなければならなくても、時には命の危険を覚悟しながらも、「徳性の向上」や「善の実行」を選択すべきだと考え、実行することができる、そういう道徳理性を内に秘めています。そのような道徳理性がカントの命名した**〈純粋実践理性〉**です。これは「純粋な道徳理性」および「純粋な道徳意志」と言い換えても良いものです。

そしてこの〈純粋実践理性〉は、他の動物が持っていない人間独自の理性であるがゆえに、これこそが人間の人間たるゆえんであり、そこから必然的に、人間の使命は〈純粋実践理性〉を積極的に行使することにある、とカントは考えたのです。

なるほど動物の場合、子供のために身を犠牲にする本能（本能は感性的なものです）を持ってはいますが、それは理性ではありませんね。自然に支配されているものの内ですね。でも理性はその本能から自立して（超越して・自由になって）力を発揮できるものです。その違いをまずは押さえましょう。

たとえば児童生徒の場合、よそから転校してきた人の変わったふるまいが鼻につき「違和感」を覚えてしまって、そのために「いじめ」に発展してしまうことが往々にしてあります（いやいや、大人だって同じですね）。

その最初の違和感を覚える感性・感情は本能的なもので避けようのないものです。ですから、教師としてはそれをひとまず否定せず認めてあげなければなりません。ひとまず受け入れて良いのです！　なぜなら新しい侵入者に対して違和感を覚えて警戒心を持つのは原始の時代からの人間の大切な自衛本能なのですから（おそらく）。

しかし、〈道徳理性〉を持つ人間ならば、その時に一呼吸おいて、「まてよ、鼻につくからといっていじめをしてもいいのだろうか？　彼を〈目的〉そのものとしてはいないのではないだろうか？　彼の絶対的な存在を否定することではないだろうか？」……と考え直す理性の能力があるはずなのです。

つまり「感性・感情」を担う旧皮質の脳から、「理性」を担う新皮質の脳へとバトンタッチできる能力があるはずなのです。そしてまさに、その切り替えの修養を積み重ねることが、道徳性を高めることになるはずなのです。

「鼻につく」「違和感を覚えて不快だ」というのは感性・感情の一種と言えます。それを野放しにしておきますと「悪しき情念」にもなり「いじめ」に発展してしまいます。

カント道徳においては「利や快や情念が満たされている状態」を〈幸福〉としていますから、いじめをする児童生徒は、自分の〈幸福〉を求めて、あるいは自分の〈不幸〉を避けるために、「いじめ」をしてしまうということになりますね。

以上のことからも、〈幸福〉というものを動機と目的とした道徳教育では、幸福欲求を抑制をする力を養い鍛えることができないために「いじめ」というものを防ぐことができないことが明らかになります、原理的に。

一方、「幸福欲求」なら植物も動物も自然に持っているものですから、この幸福欲求は「動・植物的存在者としての使命」ということになります。

ひとまずここから言えることは、人間は二重の使命を持っているということです。〈理性的存在者〉としての理性の活用。〈感性的存在者〉としての〈幸福〉の実現……

以上二つの使命を。

そして、「理性的存在者としての使命」が人間だけが持つものなのだから、これが必然的に「人間の人間たるゆえん」となり最優先順位ということにもなっていくのです。一般に使われている「人間性」とはまさにこの意味です。

以上がカントによる分析ですが、私はルソーの「自己愛と利己愛の区別」の思想[注1]を知って以来、これだけでは不十分であることに気づきました。本来は次のように考えるべきではないでしょうか。

「理性」というものは「悪意」で用いることも「善意」で用いることも可能であり、悪意で用いた時には「自然界の動物」とは比較にならないほどの悪行を行うことが可能です。そのために「自己矛盾」を起こす行為（例えば、我が正義のための核戦争）にさえ道が拓けていきます。

だからその意味でも、人間は**〈善意＝善への意志〉**つまり道徳性を目指さなければ実にアブナイ存在者なのです、本質的に[注2]……。

そこで、改めて「人間としての使命」は何かを整理しなおしてみますと、

・「道徳的理性」を一歩優先しながら、その上で「理性」（単なる理性＝一般理性）を活

かすべきこと、それこそが人間としての使命である。

「道徳的理性」の方を一歩優先すべき理由は、「単なる理性」を優先した場合、半分はそれで問題なくとも、半分は自分や社会や世界に自己矛盾を来して世界を破滅に導いてしまう危険性があるからです。

同様に、〈道徳論〉を〈正義論〉よりも一歩だけ優先すべき理由は、〈正義論〉を優先した場合は自己矛盾を来し、世界を滅ぼすことが論理必然的に言えるからです。

なお、カントも別の視点から右の二つの違いに気づいていました。

それだけでなく、次のように「単なる理性」を活かすこととして二つに分けて考えていました。

・**熟練の命法**…知識や技能など何らかの目的を実現するもの…（だが、結局は幸福を目的とすることに収斂《しゅうれん》されていくのではないかと夏目はとらえている）

・**仮言的な命法**…幸福を目的とするもの[注3]

さて、パスカルのあの有名な「人間はひとくきの葦《あし》にすぎない。自然のなかで最も弱いものである。だが、それは考える葦である」という言葉の本当に言いたかったことは、実は「単なる理性」以上の〈道徳的理性〉のことを示していたと言えるのです。[注4]

注1　トピック5を参照のこと
注2　カント著、中山元訳『道徳形而上学の基礎づけ』光文社文庫、二〇一二年、三四～四〇ページを参考にした。
注3　同前、九三～九七ページ参照
注4　パスカル著、前田陽一・由木康訳『パンセI』中公クラシックス、二〇〇一年、三四七節にはこうある。
「人間はひとくきの葦にすぎない。自然のなかで最も弱いものである。だが、それは考える葦である。彼をおしつぶすために、宇宙全体が武装するには及ばない。蒸気や一滴の水でも彼を殺すのに十分である。だが、たとい宇宙が彼をおしつぶしても、人間は彼を殺すものより尊いだろう。なぜなら、彼は自分の死ぬことと、宇宙の自分に対する優劣とを知っているからである。宇宙は何も知らない。だから、われわれの尊厳のすべては、考えることのなかにある（理性にある）。われわれはそこから立ち上がらなければならないのであって、われわれが満たすことのできない空間や時間からで

はない。だから、よく考えることを努めよう。ここに道徳の原理がある」

右の最後に「ここに道徳の原理がある」とあることから、パスカルの「考える」とは「道徳的に考えること」を意味していると言えよう。したがって単なる理性でなく道徳性も伴うことで、そこに「人間としての尊厳」が生まれると述べていることになろう。

この場合の「考えること」を、「善への意志の下に考えること」と解釈したい。理性を「善への意志」で使う時、宇宙意志（流れ・運行）に順当に沿うこととなり、自己矛盾を避けることとなり、宇宙に存在する「もの」の誰もが尊ぶべきものとなり、尊厳が生まれるからである。

それに対して、核兵器のように、悪への意志に基づいて理性を使って考えられたものは、最後には人類を滅亡させてしまうという自己矛盾を来す。

3節 「功利主義」の問題点

さて、〈道徳論〉よりも〈正義論〉を優先した社会は、原理的に〈不幸〉量の最大化に向かっていきます。なぜなら究極的には「自分たちの幸福のため」と称して「戦争」を肯定できてしまう原理だからです。「戦争」は人の命を奪い、人間を仏教の六《りく》道《どう》で言うところの「畜生」や「餓鬼」に貶《おとし》め、ついには「地獄」に導き、道徳性も恥の感覚すらも奪いますから、人類そして個々の人間にとってもこれ以上の〈不幸〉はありません。この理屈、おわかりですね？

それに対して、〈道徳論〉を最優先した社会だけが、原理的に〈幸福〉量の最大化に向かいます。戦争を〈悪〉と断定して否定する原理なので。さらに日常的にもあらゆる〈争い〉を否定する原理なので。

人類はこのことに気づくべきです。

ですから、本来の**「功利主義」**はここまでの功利を考えるべきでしょうね。ここまでを視野に入れた時には「究極の功利主義」となり、もはや「功利」が自己矛盾を起こさずに「道徳」の結果に一致することになります。究極は対極に転化するというわけです。

したがって、これは弁証法の「量質転化」の法則に従っていますね。ジョン・スチュアート・ミルの著書『功利主義』[注1]も実はこの究極レベルの功利を目指していてその究極的な結論は「カント道徳」の結果に一致していくという解釈が可能です。

ミルは次のように言います。

「これまでに説明したように、最大幸福の原理によれば、究極の目的は、量と質のいずれの点においても、可能な限り苦痛を免れていて、可能な限り快楽が豊富な生活状態である[注2]」

ミルの思い描いている「究極の目的」は、たしかに結論（理論の結び）としてはカント道徳の結果（実際の成果）と同じかもしれません。しかし、「動機」においては功利主義の場合は「利と快」であり、「カント道徳」とは全く対照的ですから、人間の道徳性そのものを養う機能は（功利主義には）ありません。つまり、「究極」に達するまでの過程においてはアクセル（幸福欲望）をふかしながらブレーキ（自己抑制）も踏むことになり、激しい「葛藤」が頻繁に起こって自己分裂↓自己破綻へと道が続いているのです。ミルはこの重大性に気づいていないのです（だから功利主義にとらわれ始めますと自己矛盾が生じて精神的に不安定になることになります）

さらに、人間であるかぎり日常で、究極的レベルの功利までを常に的確に予測することは不可能です。つまり、常に日常で功利の究極に行き着くような「選択・判断」は人間の能力では無理なのです。

もし「そんなことはない」と言うのなら、カントの『実践理性批判』のような実践論をこの後にミルは展開すべきだったのです。そう、ミルの理論には「功利主義の実践論」が欠落しているのです。

加えて、「戦争」こそ量と質においてこの世で最大の不幸をもたらすとするなら、ミルの功利主義の原理に戦争の原因となる〈幸福〉を置くのは、原理的矛盾を来していくと言えます。

なぜなら、何が正義であるかは、自分（たち）の〈幸福〉をめぐってなされる判断であり、その〈幸福〉たるや時と場によってどんどん変わっていきますし、しかも〈幸福感〉というものは十人十色の感性の現象ですから、絶対的・普遍的な「究極的な幸福」というものは原理的に不可能だからです。

以上が「カント道徳」を知ったことで見えてくるミルの「功利主義」の問題点です。この問題点は、実践論の展開をすればすぐに気づくはずです。

次に「戦争」の問題についてですが、アメリカの幸福もあれば、イスラムの幸福があり、ウクライナの幸福もあればロシアの幸福があり、互いに「自分の幸福」を振りかざすことで生じていくのが戦争ということになります。

仮にアメリカの軍需産業諸関係者の意図によって、「他国への憎しみ」を煽《あお》る情報操作が裏でなされているとしても、もし〈道徳論〉の立場を〈正義論〉より優先するならば、なんのことはありません。そこにどのような正義があろうと、「殺し合いは道徳的に〈悪〉だから、戦争はしてはいけない」という考えが優先されますから。[注2]

カントの道徳論、すなわち定言命法での判断では「人を殺すこと」は常に〈悪〉であり、この価値観は普遍です。しかしながら、〈定言命法〉と〈仮言命法〉との違いを認識していない段階ではこのような明確な区別はできません。

その誤った一例として、教育哲学者のT氏は「道徳教育は学校がやるべきではない。代わりにやるべきは『自由の相互承認を原理とした市民教育だ』……」と主張しています[注3]。

T氏の言うように「市民教育」はこれからはもっともっと重視されるべきです。が、それとは別に、氏の場合には「モラル（道徳）とは習俗の価値である」と述べていることから〈道徳論〉と〈正義論〉の区別がついていないことがわかります。本当は、「習俗の価値」とは〈正義論〉に相当するものであり純粋な〈道徳論〉ではありません。

そして、T氏は「近代以前の世界は、異なるモラル（道徳）同士の衝突の世界であり、ヨーロッパではキリスト教のモラルとイスラームのモラルが衝突し、カトリックのモラルとプロテスタントのモラルが衝突し、……というように違うモラルを持った人たちが殺し合うような社会だったのです」と述べて「モラル（道徳）教育」を否定する結論に至っています。

しかし、中世の宗教戦争もその本質は自分たちの〈幸福〉を巡った〈正義〉の争いだったのです。この点を読み間違えてはいけません。T氏の言う「モラル」という言葉は「正義」に置き換えるべきなのです。

要するにT氏は、「仮言命法の道徳」を批判しているのです。しかも、カント道徳（定言命法）を適切に理解しないまま。[注4]

もっとも、このような認識は多くの研究者も同様です。

注1 ジョン・スチュアート・ミル著、関口正司訳『功利主義』岩波文庫、二〇二一年

注2 同前、三五ページ

注3 この詳細については、第6章4節参照のこと

注4 ネット：集英社新書プラス：著者インタビュー「道徳教育を学校で行うべきでない理由」二〇一九年八月三日

注5 ネットワーク編集委員会編「対談」『実践！道徳授業』学事出版、二〇一八年参照

４節　『羅生門』に関する学生の疑問に答える

ここで、芥川龍之介の『羅生門』に関する学生の疑問に答えてみましょう。

（学生G）

ジレンマ教材の話し合いを読んで、私は『羅生門』[注1]の話が思い浮かびました。女の死体の髪を抜くという老婆の行為は「悪」だと思います。ですが老婆が生きるためにやっているとしたらどうなのでしょうか。そして下人も盗みを働こうとした自分を棚に上げて、老婆の悪事を止めました。しかし老婆の「生きるためだから」という言い訳を聞いて、下人はその言葉を逆手に取り、老婆の服をはぎ取って逃げていきます。「生きるためだから」と言い放って。この話はどれも「悪」だと思います。しかし「生きるため」と理由をつけるとなぜか正当化されている気がします。

高校で、下人が老婆の服をはぎ取ったという行為は「悪」か「仕方ないこと」なのか考える授業がありました。私は「悪」だと思うのですが、意見は割と半々に分かれていました。いまだに正解はどっちなのか、そもそも正解はあるのか気になります。

（著者からのコメント）

「生きるため」とは「自分が幸福になるため」に置き換えることができます。つまりこの場合に生ずるジレンマ問題は〈道徳論〉ではなく〈正義論〉の領域の問題ということが言えます。なぜなら、道徳論ならば幸福や不幸の問題はとりあえず除去して、善か悪かだけを優先して論ずる領域であるからです。（一方の正義論は幸・不幸を優先して論ずる領域となります）。

道徳論では、老婆の「盗む」行為はまぎれもなく〈悪〉ですし、下人の「盗む」行為も〈悪〉です。定言命法の定義では、幸不幸には関係なく、〈善の定式〉[注2]に従って「盗む」行為が善か悪かを判断するわけですから。

ところが、カントの〈善の定式1〉では「自分も目的としなければならない」とあります。つまり、自分の「命」も大事にしなければなりません。ですから形而上では「餓死や凍死で自分の命を落とすこと」も、それを意志して行う場合には「悪」ということになります。

ただし、形而上においては「一切の条件は捨象されている」ので両者のどちらを優先するかという判断そのものが存在しません。ただ並び立っているだけです（この点についてはカントは明言していません。私の敷衍《ふえん》であり、論理的必然の答えです）。

しかし、形而下学（個々の現場）に降りたなら、条件が発生し、そうはいかなくなります。ここに深刻なジレンマが発生します。

「盗むこと」は悪ですし、一方、飢えとは言え、それで命を落とすことを自ら意志することも悪です。なんとかして生き抜かねばなりません。

形而下（個々の現場）での判断は、善か悪かだけでなく、どちらの方が幸福になれるかを含めながら、その時代の共同体の価値観や個人の価値観によって最終判断がなされることになります。それでいいのです。それが形而下というものなのです。

ですから、形而下に降りた時には、形而上で立てられた義務は「努力義務」にユルめられます。なぜなら、〈感性的存在者〉にとっては生きるためにはパンを盗むのも仕方ない時もあるのですから。だって人間だもの。

しかし、大事なのは「それで終わらない」という点なのです！

本来は（形而上では）盗むことはどんな場合でも悪ですから、形而下でパンをやむをえず盗んだ後にそこで居直らないで、どうしたらこれからは盗まずにいられるのかを「反省・リフレクション」していくことになります。その反省・リフレクション・内省が鍵になります。まさにそれが、形而上で〈行動方針〉や〈道徳法則〉といった「規準」「基礎」を人間が持たねばならない理由です。

形而上の理想を持つことによって、盗まずに生きる算段や努力の在り方を考える意欲がわき（これは庶民的道徳性です）、それだけでなく、政治の在り方を問い社会を変えていく運動へと必然的に発展していくことになります（これが市民的道徳性です）。これこそが形而上の道徳法則・行動方針が命じてくる大切な点です。

まとめましょう。「盗むこと」は悪です。自分の命の存続を意識的にあきらめることも悪です。しかし形而下で二者択一を迫られた時には、命の危機が切迫しているなら盗むことも仕方のないことです。形而下では「命」優先であるべきでしょうから。それでいいのです。仕方ないのです（モラル・ジレンマの授業の結論はここです。〈広義のカント道徳〉の結論もここですが、それで終わらず振り返り反省をして新たな行動方針を生み出す点において、正義論とは決定的に異なります）。

作品の中の「老婆」の場合は、生きるために「盗み」をするのも致し方ないでしょう、この場合は。しかし、若い「下人」の場合はさてどうでしょうか。まだまだ命が「切迫」しているふうには思えませんね。若い彼にはまだほかに生きる手立てがいくらでもありそうです。もし彼に形而上の「盗みはしないぞ」という行動方針や宗教心が強ければそれに引っ張られて「盗み」以外の道を探すこともできたでしょう、老婆の「言い訳」には影響されず……。形而上の道徳法則・行動方針を持たない形而下だけの「道徳や思想」はそこが弱いのです。軸を持たないから弱いのです。

しかし、素朴な宗教心のかけらを持っていたのに、現実主義的で（リアリズム的で）、プラグマティック的に（実用主義的に）考えることに目覚めてしまった「下人」（＝近代人）は、「老婆」が自分の盗みの正義を論ずるのを聞いて、老婆の論理を利用して合理的な理論展開をし、老婆の着物を堂々と奪って逃げていきます。これまで抱いていた「絶対的な価値基準（宗教心・道徳心）」を完全に捨てて…。そして「黒洞々《こくとうとう》たる夜」の中に消えていきます。

「黒洞々《こくとうとう》たる夜」は、絶対的な「宗教心」や「道徳心」をなくして、プラグマティック（実用主義的）な考え方に居直ってしまった人々によって、社会にもたらされるであろう近代の「深い闇」のことだと解釈できますね。形而上の道徳法則や純粋な宗教心・道徳心を求めて生きることをやめて、形而下だけで生きるようになってしまった「新しい人間」の世界の闇を暗示していますね。作者芥川龍之介の凄《すご》さがここに発見できます。

注1　芥川龍之介著『羅生門・鼻・芋粥・偸盗』岩波文庫、一九六〇年
注2　第5章を参照のこと

第9章 モラル・ジレンマの問題を解決する

では、「カント道徳」は結局、何を言わんとしているのだろうか？　それは、このように嘘をつかざるをえない状況が今後も形而下の「個々の現場」で何度起ころうとも形而上では「嘘はつくまい」という行動方針を絶対的・普遍的なものとして厳として持ち続けるべきである、というその一点である。

1節 「嘘」のモラル・ジレンマ問題とは

「形而上の道徳法則は普遍的であり絶対的でなければならない」と聞いた多くの人たちは、こう反論するかもしれません。形而上と形而下との区別をつけないままに……。「どんな場合にも嘘をついてはならないとするのなら、次の例のような場合、みすみす人を見殺しにすることになりかねませんよ。それでも、どんな場合にも嘘はついてはならないと言えますか？」と。

殺人者に追いかけられているAさんがBさんの家に逃げ込んできて匿《かくま》ってもらった。そこへ殺人者が追ってきて「ここにAが逃げてこなかったか？」と聞いてきたとしましょう。このような場合でも嘘はついてはいけないのですか？　どんな場合にも嘘は悪であり、嘘はついてはいけないとするなら（普遍的な道徳法則なら）、「Aさんはここにいます」としか答えられないので、みすみす殺人者にAさんを殺させることになってしまうけれど、そんなことでいいのですか？　道徳法則「嘘をついてはならない」

の「普遍性」はこの場合破綻《はたん》していませんか？

実際カントも右のような批判を受けました。それに対し、カントの反論が述べられている論文があります。「人間愛からの嘘――人間愛から嘘をつく権利と称されるものについて」[注1]という文章がそれです。

私がこれを読んだ時、カント自身の説明にも不備があるように感じられました。カントはなぜ、形而上と形而下という二つの言葉を使って反論しなかったのか、という疑問が湧いてきたのです。カントのこれまでの様々な主張を整合的に統合して導き出せる「論理」からすれば、当然それを活用しながら説明することになるはずなのですが、この時のカントはそれをせずに、形而下だけでの反論で終わっています。そして、その反論は「言い訳めいた、わかりづらいもの」であり、そんなことからも「カント道徳は破綻している」と批判されてしまったのではないかと予想します。

なぜカントはそのような返答しかできなかったのかと言えば、おそらくカント自身が〈形而上学と形而下学の区別と連関〉について自分で創りながら同時並行してそれを利用していて、まだ「応用」の仕方に慣れていなかったからではないか、と想像されるのです。

注1　カント著、谷田信一訳『カント全集13』岩波書店、二〇〇二年、二五三ページ〜

2節　解決方法

〈行動方針〉（格率）の二重性をはっきりと自覚したカントなら、本来はこう答えるべきでしょう（以下は私の意見です）。

道徳法則が普遍的な真理でいられる領域は、あくまで形而上の領域内であり、形而下では必ずしもそうではなくなる。〈道徳法則〉や〈行動方針〉というものは、形而上でこそ「絶対義務」であることができるが、形而下の個々の現場に降りた時にはあくまで「努力義務」としてしか扱えない。

なぜなら、形而下は〈純粋な道徳学〉の場ではなく〈人間学〉の力を借りる、つまり人間の「幸福欲望」を考慮しなければならない場であり、道徳理性を持ちつつも同時に幸福欲望にとらわれがちな人間を丸ごと扱わねばならない領域であり、その結果「個々の条件」に応じて判断せざるをえない場になるからである。

実は、そのことをカントは次にように表現しているのです。

「〈幸福欲望に左右されない形而上の〉道徳学《モラール》を人間に適用するには、つねに人間学が必要である」[注1]

どういうことでしょうか？

形而下の「個々の現場」の感覚では、逃げ込んできたAさんの「命」の方が、「嘘をついてはならない」という行動方針よりもはるかに大切であることは言うまでもありません。ですから、「Aは来なかった」と嘘をつくことが許容されなければなりません。〈広義のカント道徳〉の論理に基づくなら、命を救う方が大切だ、と肯定することになります。

というのは、この例は条件が明らかな形而下の例であり、形而上の道徳法則を目指しつつも、個人や現場の人々や共同体の価値観を考慮して「判断」せざるをえない領域となるからです。それでいいのです。それが「努力義務」の意味なのです。

もう一点。形而上というのは一切の具体的条件を「捨象《しゃしょう》」した場です。それゆえに「嘘をついてはならない」も「人を見殺しにしてはならない」も、両方が対等に並んでいる世界です。どちらを優先すべきかという順位付けはそこではできないのです。「条件」がない（捨象されている）のですから。

注1　カント著、中山元訳『道徳形而上学の基礎づけ』光文社文庫、二〇一二年、八三ページ

3節 「トロッコ」のモラル・ジレンマの解決方法

これは「トロッコ問題のジレンマ」でも同様です。暴走するトロッコの先には分岐点があり、右に行けば五人の人、左に行けば一人の人がいます。分岐点でのポイント操作ではどちらにトロッコが行くようにしたらいいのでしょうか、という問題です。「犠牲者を出してはならない」という形而上の道徳法則は不動です。しかし、形而下の個々の現場では二つの選択肢しか許されません。「当然五人より一人の方を犠牲にすべきだ」と一瞬思いますが、「一人」がもし自分の愛する子供で「五人」が赤の他人だったらどうでしょうか。

すなわち形而下という場では、個人や現場の人々や共同体の価値観の影響を受けて、最終的には自分で「判断」せざるをえない領域となるのです。それでいい（仕方ない）のです。どちらを選んでもそれを責めることはできないのです。

以上がカント道徳での結論になります。

しかし、「人の命を大事にしなければならない。犠牲者を出してはならない」という形而上の理想は不動です。両者は不動のまま並び立っているのです。

実は、その不動の理想を求めることをあきらめなかったために、思わぬ解決策が（形而下でも）導かれたのです！

トロッコの前輪が分岐点を超えた一瞬の間にジョイントを替えて、後輪はもう一つのレールに移動するようにして、それによって止めてしまうという方法を思いついたのです（ネット上にその動画があり、見事に成功しています。探してみてください。「トロッコ問題」で検索できます。この動画の存在については学生が教えてくださいました）。

ここで大切なのは、形而上の強い理想（犠牲者を出してはならない）があったからこそ、そのような解決策が生まれたという点です。

また、今回はやむをえず犠牲者が出てしまったとしても、形而上の理想を求める思いが、このような事故を起こさないための「事前事前の改善策」を生み出すのだ、という点も忘れてはなりません。

4節　「区別と連関（統合）」の補足

　さて、どちらの方が〈幸福〉をめぐって功利的か幸福量が多いか、を考えるモラル・ジレンマの道徳の授業は、「仮言命法の道徳の授業」に位置付けされます。なぜなら、善を意識しつつも、むしろ幸福量をめぐって（ぬけめなく）「知的・合理的・功利的に思考する場」となって、「純粋な道徳性」そのものを鍛える場ではなくなっているからです。あえて言えば〈人間力〉をつける場になっています。

　なお、前にも述べましたが行動方針（格率）や道徳法則というものは、形而上では「嘘をつくまい」と「人の命を大切にすべし」とを、比べたり順位付けたりするようなことはしません。そこでは、ただ並立しているだけです。なぜなら、形而上というのは具体的条件が一切**「捨象《しゃしょう》」**された領域だからです。これをカントは「形式」と呼びました。

　しかし、いざ形而下の「個々の現場」に降りた場合には、順位付けが必要となってきます。なぜでしょうか？

現場では必ず具体的な条件が生まれ、それに縛られるからです。その条件下での価値判断が具体的に問われるからです。それこそが、形而下の特徴なのです。形而下では、「他者の命を大切にしなければならない」という道徳律と「嘘はつくべきではない」という道徳律がぶつかり合います。しかし、ここは形而下ですから、最終判断は本人やその共同体の価値観にゆだねられます。それでOKなのです。

殺人者からAさんを匿う例の場合は当然、「嘘をつかない」ことよりも「命を救う」ことの方が重要ですから「嘘をついて命を救う」という選択が為されることでしょう。それでいいのです。全く問題はないのです。なぜなら、ここは形而下なのですから！　形而下では「Aが逃げ込んできた」というB本人にとっては「あずかり知らぬ侵入」すなわち「条件」が生じ、それがBに選択を迫り、比較を、順位付けを、強いてくるわけです。

では、「カント道徳」は結局、何を言わんとしているのでしょうか？

それは、

このように嘘をつかざるをえない状況が今後も形而下の「個々の現場」で何度起ころうとも、形而上においては「嘘はつくまい」という行動方針を絶対的・普遍的な法則・行動方針として厳として持ち続けるべきである、というその一点です。

なぜなら、形而下におけるこの「あずかり知らぬ侵入」というものに、人間は常にさいなまされ、そのたびに人間は次第に形而上の行動方針さえ軽視していくようになり、遂には、その存在さえも忘れ、いつの間にか形而上でさえ「嘘はつくまい」という行動方針を失ってしまい、形而下においては、平気で自分の幸福の実現のために嘘をつけるようになってしまうからです。しかし、そのような悪い傾向性を防いでくれるのが、形而上の絶対的で普遍的な道徳法則や行動方針なのです。

このように、形而上と形而下の「二重性」を二重性として認めながら、実践段階においては両者の統合を図ることこそが重要である、と認める〈広義のカント道徳〉は、だから形而上の道徳法則や行動方針を形而下でも厳格に守らせようとすることには反対しました。カントは〈幸福〉を求めることをひたすら排除するストア学派のような在り方を、「厳格すぎる」と批判しているのです。[注1]

つまり、快や利や情念を満たすことを「道徳性を高めること」に次いで大事なこととして認めているのです。

完全に純粋な道徳理性は、「聖人」や「神」の道徳理性に相当するものですが、普通の人間にも一時的には可能な道徳理性です。とは言え、普通の人間は形而下において行動方針を常に例外なく遵守《じゅんしゅ》することは不可能であり、そのことを人間通のカントはだれよりもよく心得ていました。ですから形而上の領域では完全義務としましたが、形而下の個々の現場でも常に完璧にそれができるとは決して考えておらず、「完全義務である」としなかったのです（このような解釈はカントの道徳に関する複数の著書に書かれている表現の整合性を求めることから生まれる「論理的必然」です。カントがこのようなことを直接に表現していたわけではありません）。

注1　第6章3節を参照のこと

5節　学生たちの感想・疑問・意見に答える②

モラル・ジレンマ問題を含めて「行動方針の二重性」を学んだ学生たちの熱い感想をこの後に載せます。これらを読むことは、そのままカント道徳の核心を理解することでもあります。しかも一番短いコースで。〈行動方針（格率）〉の二重性の意味を肚《はら》の底から理解できることでしょう。

（学生H）

前回までは、カント道徳の精神を人々が持てばいい社会になるのは理解できる、でも私たちは人間だから（目の前の幸福を欲する）感情や価値観を失うことは難しい、というジレンマに陥っていました。カント道徳はただの机上の空論なのではないかという疑いすら持っていました。また、形而上・形而下の理解ができていなかったことも、私の悩みを加速させていました。

　今回の課題で、カントは「個々の現場で起きることには個人の価値観で対応して当たり前だよね、幸福になりたいという欲求ももちろん認めるよ、ただ理想上の絶対的な位置には道徳法則を置いておこうね、社会を平穏に維持し続けるために」という人間らしさに沿った、現実的な考えを持っていた人だと理解しました。定言命法だけを理解した時は私の今までやこれからの行為のほとんどが偽善と捉えられてしまうのか？　と考えていましたが、形而上に徳性を高めるという永遠の目標を持ち、その下で状況判断を個人的に行い、反省を繰り返せばいいのかなと思えました。


（著者からのコメント）

　あなたのカント道徳のとらえ方、その通りです。あなたはこの授業で理想的な道徳的成長をしてきたのがこれまでのレポートから読み取れますが、だからこそわかりやすい説明に成功していますね。

（学生Ｉ）

最も重要な考えは、形而下での個々の現場においての各々の選択に咎《とが》めはないとしても、形而上の強い理想を持ち、考え続けることなのだと思います。

いじめについて描かれた漫画に、このようなストーリーがありました。

『いじめられているＡさんを見捨てることができず、裏ではＡさんと仲良くしていたＢさんがいました。しかし、その場面をいじめ集団に見られ、Ｂさんは「お前はＡの味方なのか。そうであればお前も明日から自分たちの（いじめ）標的だ」と迫られます。自分も同じようにいじめられることを恐れたＢさんはとっさに「そんなわけない。Ａと仲良くなんかない」と嘘をついてしまいます。Ｂさんに裏切られたＡさんは、自殺をしてしまいました』

この場合、Ｂさんは形而下において自分の幸福を優先したことになります。「嘘をつくべきではない」という形而上の行動方針を保てなかったために、Ａさんという他者の命を奪ってしまった。

これに関して、カント道徳を踏まえて考えてみた時に、個々の現場での行動方針を遵守することの努力義務について、改めて難しさを感じました。いじめという防ぎようのない問題に巻き込まれ、自分が被害を受けるかもしれない恐怖から、自分が幸福になる選択をしたBさん。常に完璧に遵守できるのは神だけであって、人間にはできないのは確かですが、複雑で、やるせない問題のように思えました。

しかし、この話には続きがあって、Aさんという友人を失ったBさんは、そこから、いじめをなくそうと懸命に立ち向かっていきます。のちに、いじめを防止する方法はないかを学ぶため、大学では心理学を学び、最終的には、いじめ防止のセミナーや、カウンセリングを行う職業に就きました。

このBさんの行動こそ、形而上の強い理想を持ち続けた結果だと私は考えます。ここで、BさんがAさんへのいじめを蔑《ないがし》ろにしていたのなら、このような進路選択をしていなかったでしょう。嘘をつかざるをえなかった状況を踏まえ、形而上では「嘘をつくまい」という行動方針を確固として持ち続けることが、未来に影響を与えるのだと思います。

私自身も、嘘をついたことがあります。「嘘は悪いこと」とわかっていながらも、自分の幸福や利益を優先するためについてしまった嘘です。しかし、カントが強調したいのは、その嘘をついた後の行動であって、あくまで形而下における常にやってくる「あずかり知らぬ侵入」に対し、個々の現場では行動方針を守ることを努力義務として要求しますが、それで「じゃあ、いいか」とそこで放棄したり、軽視したりしてしまうことこそが問題なのだということではないでしょうか。永遠に努力する、形而上の目標を諦《あきら》めずに遵守しようとする気持ちそのものが、カント道徳を考える上で、最も重要なのだと考えました。

（著者からのコメント）

的確な「カント道徳」理解に立って考察を深めていますね。すばらしいです。

その上で、Bさんの「道徳的勇気」がカント道徳によって日ごろから鍛えられていたなら、嘘をついた後深く反省し、Aさんに自分の本当の気持ちを語り、きっと違う展開（友達が自殺しない展開）になったかも知れません。私たちはこの教材を通して「道徳的勇気」を鍛えることの大切さにも目を向けるべきでしょう。そして、カント道徳ならそれが可能になるだろう、という点にも気づいてほしいものです。

なお、本当にBさんの嘘が自殺の原因であったのかどうか？　それはあくまできっかけにすぎず、相談できる親子関係があったのかどうか、私にはそちらの方が気になります。つまり、幼少期から続いていた子供に対する親の無関心が原因であった事例も確かにあるのです。

（学生J）

私は、前回のレポート課題において、「本当にどんな場合でも嘘をついてはいけないのか」といったことを質問として書いてしまいました。形而下において嘘をついていい場合があるのであれば、それはもう形而上で「嘘をついてはいけない」という道徳法則を理想におく必要はないのではないか、と思っていました。しかし、今回の資料を読んで、形而上と形而下の区別が私自身もきちんとできていなかったんだと反省しました。

形而上に道徳法則があり、それを目指すからこそ、振り返って反省し、道徳性を鍛えることができるのだと理解しました。たしかに、形而上の道徳法則自体を「場合に応じて嘘をついてもいいよ、でもできるだけ嘘はやめよう」、と置いてしまったら（これが「嘘も方便」や「中庸」の考えを生み出してしまう原因ですね……夏目）、次第に「じゃあこの場合も嘘をついてもいいいな」、と基準が緩んでしまい、平気で自己実現のために嘘をつくようになってしまうかもしれないと思います。形而上に完全義務があり、それを絶対的・普遍的な法則・行動方針として持ち続けるからこそ、形而下において例外があっても、振り返りをして、またそれを目指し、道徳性を鍛えることができるんだと改めて理解しました。

（著者からのコメント）

前回のあなたの疑問もあって、ジレンマ問題を前倒しして授業しました。ありがとう。あなたは着々と理解を深めています。

（学生K）

目標を立て、それを目指していくということは「覚悟」が必要と言うことだ。将来の夢を設定しそれを叶えることを目指すことは、人生をささげて努力していくことを意味する。道徳においてもそれは同じだ。純粋な道徳理性を目指すには覚悟が必要だと思う。人生における長い間、善悪の判断のたびに、それを思い出し、行動を反省し究めていくのだから。

今回の要約による解釈ならば、カント道徳とは、一般に言われるような理想論ではなく、道徳を実践するための方法論なのだ。

（著者からのコメント）

「覚悟」の問題、その通りだと思います。あなたは真剣に自分ごとに落とし込んだからこそ、カント道徳では「覚悟」が必要であることに気づけたのだと思います。また、覚悟して求め始めたら、すでにそこには「道徳性」がある、と孔子なら言うでしょうね。

（学生L）

時にはつかなければならない嘘や、人を思いやっているからこその嘘もありますが、カントの考え方はそのような人の心に余裕を与えてくれると思いました。私自身、バレンタインで友人が一生懸命に作ってくれたチョコレートが私の口に合わなかったときに、「すごくおいしい、ありがとう」と言ったことがあり相手の努力や気持ちを考えたからこその嘘をついたことがあります。しかし、カントの考え方では、この状況は私の個人的な事情の形而下でありこの場合の道徳法則は「努力義務」であるというところに私の気持ちが楽になりました。

（著者からのコメント）

自分のついた「嘘」がずっと心に引っかかっていたのですね。あなたの「良心」のなせる技ですね。でも、こういうことが重なると心がどんどん重たくなり、心身症にもつながりそうですね。そういった苦しみが重なっていきますと、ある時突然「もう道徳的に生きることなんかやめてしまおう。自分の幸福だけを求めて生きていこう」と居直りたくもなるものです。それに対して、「しかたがないよ、人間だもの」と寛容な「カント道徳」を知ることで心も健康になれると思われます。

なお、「嘘」をつく代わりに、別の視点から感謝の言葉を考えてみることに発展させていく、そういうことにこだわることもこれからは大事ではないでしょうか。というのは、そのようなこだわりによって、相手を大切にする心根やその表現の在り方も磨かれていくからです。「この前は手作りケーキをありがとう。食べながらあなたのやさしさを感じたよ。とってもうれしかったよ」などなど。

（学生M）

トロッコ問題から派生して自動運転技術でも似たような議論があった。すなわち、自動運転技術を搭載した車が狭い道路を走行中、人間と衝突しそうになった。右にハンドルを切れば一人とぶつかり、左にハンドルを切れば五人とぶつかる。AIはどう判断するのか、という議論である。

カントのいう形而上で、堅く決意した道徳法則を心得ているエンジニアならば、そのような議論には参加せず、どちらにハンドルを切っても人間が助かるようなシステムを開発するはずだ。

このように考えると、エンジニアだけではなく、その職業に誇りと信念を持っている人というのは、なにもその職業への誇りと信念への憧れなのではなく、形而上での道徳法則や格率に従おうという意志を持って形而下において日々実践しているという点において、人間として普遍的かつ絶対的な行動方針を厳として持ち続けているのかな、と思った。

（著者からのコメント）

あなたの前半の考察に感動しました。ジレンマ問題の轍《わだち》にはまり込むと「第三の道」があることを忘れてしまいますね。また、ジレンマ問題というのは「善か悪か」という道徳問題ではなく、〈幸福〉を巡っての正義論の問題であり、道徳性ではなく「人間力」を養うための問題ですが、そのように「幸福量」をめぐって活発に議論したとしても、道徳性そのものは育ちませんね。後半の考察も素晴らしいですね。

なお、ＡＩにカント道徳の〈善の定式１・２〉を覚え込ませておいたならどうでしょうかね。ＡＩの危険な部分がかなり解消できると思うのですが。

学生の感想は以上です。

第10章 カント道徳は「修養」を必要とする

「卑劣で堕落させる衝動が心に入り込んでくるのを防ぐ最善の、そして唯一の見張りは、この自己の吟味（反省という修養）なのである。」（カント）

1節　カントの言う「修養」とは

カントは「道徳性を高めるには、形而上のぶれない理想を目標に、形而下での訓練が必要である」ということにやがて気づいていきました。『実践理性批判』の最終章には次のようにあります。

「第一にわたしたちが心がけねばならないのは、みずからのすべての行為と他人の自由な行為を観察しながら、それを道徳法則にしたがって判断することを当然の仕事、いわば習慣とすることである（形而上の道徳法則を規準にして自分と他者の善悪を判断する習慣が必要であることを言っています）。

さらにその行為は客観的に道徳法則に適合しているか、しかもどのような道徳法則に適合しているかとまず自問することによって、その判断を研ぎ澄ます必要がある（〈善の定式1・2〉に沿っているかを判断することを言っています）。（中略）このような訓練を重ねることで、たんに実践的な事柄について判断を下すわたしたちの理性が、訓練によって開化されたという意識が生まれるならば、わたしたちのうちにある種の関心が次第に生まれてくるのは間違いない。この関心は理性の法則に対する関心であり、道徳的に善い行為に対する関心である[注1]」

要するに「振り返り」という修養によって啓蒙され、道徳性が上達していくというのですね。私の講義を受け入れた学生たちの変化は、まさにここに書かれている通りでした。

なお、「訓練」という訳語は「修養」と訳すべきである、と私は考えています。盲目的で受動的な繰り返しではなく、主体的な試行錯誤を必要とするからです。カントの『実践理性批判』のドイツ語原本に出てくる言葉「Übung」は、独和辞典を引きますと「訓練」以外に「修行」とか「修道士のお勤め」の意味がありますから「修養」と訳しても決しておかしくはないでしょう。

また、「修行」は形而上での行動方針を形而下においても厳格に守り続ける義務がありますが、「修養」は形而下においては努力義務程度に緩められます。

注1　カント著、中山元訳『実践理性批判2』光文社文庫、二〇一三年、二三六〜二三七ページ

2節 〈行動方針〉を立てるところから修養は始まる

定言命法の道徳教育の場合は、たとえば「他者が（何らかの点で）劣っているからといって、差別したり軽蔑《けいべつ》したりするような扱い方は決してしないぞ。他者を常に〈目的〉としてリスペクトして大切にするぞ」という行動方針を立てたなら、自分の心の中にその人を侮《あなど》りたい気持ちが生じてしまってついつい軽蔑した態度が出てしまっても、その後で形而上の行動方針に立ち返ることでそれを深く反省することになり、その繰り返しというまさに「修養」によって、次第にその「感性レベルの感情」を超えて道徳的理性が強くなっていき、それはやがて善き習慣ともなり、ついには善き性格となっていくことが可能性としてあります。つまり、「感性」から「理性」へそして「性格」へと（弁証法の）量質転化が起こるのです。量的増大はある時点までいくと質的に転化する、これが宇宙を支配する「量質転化の法則」です。これこそが「道徳的成長」であり、「道徳性の向上」にほかなりません。

たとえば、「時間に遅れまい」という行動方針を立てたなら、十分前に行動するように行動方針を追加する。あるいは、遅れないために「事前の段取り」を大切にしようと手帳にメモする行動方針を持つようにする。さらに、週末には必ず次週の計画を立てる時間を持ち、一週間の段取りを立てる……などなどと。これらの行動方針は「善」というよりも「徳」の領域になります。そしてこの徳の向上が〈善への意志〉を強化して、いざという時、不幸を覚悟の上での善の実行を下から支えるのです。「時間に遅れまい」という行動方針をなぜ立てる必要があるかと言いますと、約束の時間に遅れたらそれは「嘘」をつくことに相当しますし、他者を自分のための「手段」として軽視したことにも（客観的には）なるからです。これは反道徳的行為であり、厳密には「悪」の部類ですから。

いずれにしても、一つの〈行動方針〉のために、「何事も準備をしっかり行おう」という新たな行動方針が論理必然的に生まれるというのが形而上で〈行動方針〉を持つことの良さなのです。

それだけではありません。次第に「後始末[注1]」の重要性にも気づくようになります。「実行」ばかりに全力を注ぎ、「後始末」はいい加減にしていた時には、たとえば朝、急なトラブルに合ってやむなくあわただしく家を出たために大事な忘れ物をしてしまったり、スポーツで使用後のシューズの点検をしなかったために次にプレーした時にシューズの紐《ひも》が切れて捻挫《ねんざ》してしまうという思わぬ事故が付きまとうものです。

しかし、前夜の後始末はそのまま次への準備でもあります。朝、家を出る時にも、前の晩の後始末が翌日の準備にもつながっており、あわてずにミスなく出発できるのです。

このような生活改善（行動方針の追加）はその後も思わぬ効果を発揮していき、自分の「悪行」を未然に防いでくれたりもするものです。

この「後始末」を習慣化していたのが、やはりイチロー選手でした。試合後のロッカールームで、シューズやグラブやバットの点検をしながら反省をしている姿がしばしば話題に上がりました。

たとえば、「十分前行動」の行動方針を立てなかった時には、いつも時間ぎりぎりで駆け込むことが多く、そのために、信号を無視したり、携帯を見ながら歩いていて人にぶつかったり、電車のドアが閉まりつつあるのにそれに飛び込んだり……と、多くの人に迷惑をかけていたのに、行動方針を立ててからはそれらの危険で迷惑な行為が一切なくなってくる、というふうに「進化」していきます。

そういえば車を運転している学生たちが言っていました。「カント道徳」を学んでからは余裕を持って行動することに気を配るようになり赤信号にあたってもイライラしなくなったとか、歩行者に道を譲ることにむしろ積極的意味が伴うようになって心に余裕が生まれた、と。

また、善や徳に対する積極的な「意志」自体を強化する必要性を感ずるようになり、時間を決めてその時間になったら今やっていることが快感であってもそれを打ち切ってあらかじめの予定を決行する……などという修養をあえて自分に課すようにもなり、理性的な意志力が強化されていくのです。

勝負の世界で優れた成績を残してきた人々は皆同様のことを言います。「目の前に楽な道と困難な道があった時、私は迷わず困難な道を選んできた」と。日ごろから、幸福欲求とあえて闘うことが「勝負心」を鍛えるわけです。

カント自身がそういう人でした。夕方の散歩の時間を決めていて、近所の人はその姿を見て時計を合わせていたという逸話があるほどです。

そのような日々の反省と工夫（＝修養）を通じて、次第に**一勝一敗→二勝一敗→三勝一敗……というふうに「不善」を行わなくなる成長の可能性が出てきます。**「カント道徳」は人間のその成長に期待する道徳なのです。

そして、日本の平和憲法やSDGsの目標や斎藤幸平氏の「コモン」[注2]の提案なども、このように、人々をより高い次元に導くという存在意義があるのです。

カントは言います。


「(道徳の理想に近づくために)、この理念は(形而上で措定される定言命法の理念は)、すべての有限な理性的な存在者(形而下の道徳理性を持った人間)の目の前に純粋で、それゆえにみずから聖なるものと称する道徳法則を、たえず正しく掲げるのである。そして有限な実践理性(善の実現のために時に過ちを犯しながらも奮闘努力する意志)に実現できる最高の営みは、みずからの意志の行動原理を、[この道徳法則にふさわしいものとなるように]無限に進歩させること、この不断の進歩をつづけるために(形而上の)行動原理が確実なものであるようにすること、すなわち徳高くあることである」[注3]

注1 「準備・実行・後始末」のサイクルが大事であるということを桜井章一の著書から学びました。
注2 斎藤幸平著『人新生の「資本論」』集英社新書、二〇二〇年参照。

注3　カント著、中山元訳『実践理性批判1』光文社文庫、二〇一二年、九五～九六ページ

3節 「修養」の深みへ

―相田みつを・論語・キリスト教―

繰り返しますが、「カント道徳」を身につける場合は「修養」を必要とします。

カント道徳の〈善の定式〉に照らしながら、折に触れて、自分の言動を振り返る行為（反省・リフレクションすること）が、「修養」なのです。

「修養」とは、日常生活を営みながら自らの想念や言動を、より「善」なるものに向上させようと努めることを言いますが、カント道徳の原理にはそういう方向に導く力があるのです。つまり、形而上の道徳法則や行動方針を規準にして、形而下の自分の行動や想念を振り返ることをすべき仕組みになっているのです。

それに対して〈仮言命法〉の場合には、動機も目的も自分の〈幸福〉に根拠をおく道徳ですから、一番の規準は常に自分の「幸福欲求」にあります。そしておそらく多くの人の「悪を避ける時」の規準は、その欲求を求めた場合に法令や不文律を犯すことがないか、犯したら罰を受けたり、みんなから非難されるからやめておこうという消極的な（いやいやながらの）規準だけです。この意識のどこに「道徳性」がありましょうか？

つまり、普段は自分の欲望のままに、ただし法令や規則や不文律だけには触れないようにして振る舞えばいいだけなので、改めて振り返りをする必要、つまり「修養」をする必要はほとんどないのです。しかも「法令」や世間体などに照らしてばかりいる意識は、道徳性というより、抜け目なく損得、快不快を思慮したり他人を忖度《そんたく》する傾向性（習慣化した欲望）を強化するばかりです。実はこれがプラグマティズム（実用主義）の正体でもあります。

そもそも「法令」というものは、（民主主義政権下においては）**消極的自由**（＝規制の不在）を広げることを目指しているものであり、法令さえ守れば他者に迷惑をかけないでいられることを保証しているわけでは、まったくありません。また社会的人間に不可欠な〈相互依存〉[注1]を積極的に機能させるものでもないのです。

ここでご自分の生活を振り返ってみてください。きっと道徳性の向上を求めての振り返りなどはほとんど日常的には行っていないことに気づくはずです。これは〈仮言命法〉が持つ論理的必然です。

カントは「道徳性を高めるには、ぶれない道徳法則や行動方針を目標に、訓練が必要である」とさらに訴えます。

カントは言います。

「ここで第二の訓練（修養）が始まる。実例に即して、道徳的な心構えをまざまざと活写して、意志の純粋さに注目させるのである（動機が「道徳法則への尊崇」だけであるかどうかに注目させるのです）。この意志の純粋さは、初めは義務に基づいて行われる行為においても発見されるが、これは心の傾き（習慣化した欲望）のいかなる動機も、意志を規定する根拠として意志に影響しないという意味で、たんに意志の消極的な完全性にとどまっている（最初は義務感でいやいやおこなっているに過ぎない）。

（しかし）この訓練によって生徒は、自分の自由を意識するようになる。［自由な意志で心の傾きを否定するという］克己の営みは、最初は［生徒に］苦痛を感じさせるが、やがては［生徒は彼にとって］真の欲望が強制するものから解放されるようになり、同時にこうしたあらゆる欲望のために不満足を感じざるをえなくなっていたことに気づき、これから解放されたことを自覚する。そして生徒の心は、他の源泉から生まれた満足感（幸福を満たすことによる満足感ではなく「徳性を高め善を行うこと」ができることによる満足感）をうけいれるようになるのである[注2]」

私の講義を受けた大学生たちが、自らカント道徳の理論に共感して実践した場合、最初は自分や他者の善行は仮言命法なのか定言命法なのかを観察することに関心が向くと言います。しかし、やがてその観察を苦痛に感じ始める、と言います。しばしば自分自身の道徳性の弱さに気づかされるからだそうです。それまでは、自分はそここそ道徳性があると思い込んでいたのに！

私はそのような時には、書家で詩人の相田みつをの『にんげんだもの[注3]』という本を読むように勧めています。そして、「人間だもの、完璧にできなくて当たり前。失敗しながらも少しずつ道徳性が高まっていくことが大事なので、自分を責めすぎないように。大切なのは目標を目指し続けていくことなのだから」とアドバイスします。そして、相田みつをは人一倍「動機」を厳しく点検して道徳性を目指していたからこそ、心に響く詩が生まれたのだ、と話します。

元気づけられた彼らは、やがてそれらのハードルを越えて次第に「道徳性」が高まっていき、今度は「義務感」を超え出て、「自由」を感じながら実践をするようになります。アルバイト先やクラブ活動などで積極的に自分の幸福欲求を超えて〈善〉

を行うようになれたという喜びの報告が相次いでいきます。

さて、ヨーロッパのイングランドを舞台とした映画『炎のランナー』をＢＳテレビで観ました。四十数年ぶりの二回目です。今回は鑑賞の視点が無意識のうちに全くちがっていて自分でも驚きました。今回は主人公やその周囲の人々の「立ち居振る舞い」「生き方」「行動方針」がなぜか心に染みこんできたのです。

「聖書の教え」を規準にして自分の在り方を反省し、謙虚に日常を生きている主人公たちの立ち居振る舞い。そこからにじみ出てくる美しい「品格」が私の心を打ってきたのです（ここでの「聖書の教え」は、カント道徳の〈善の定式〉に相当するものですね。宗教を信じられない多くの日本人の場合は、これからは理性に依拠した「カント道徳」が必要でしょう）。

牧師でもありながら、イギリスを代表する俊足のランナーである主人公。日曜日の午前中には必ず教会に行くことが彼と彼の国の人々の慣習となっていました。

その姿を視て私は気づきました。毎週彼らは教会に行き自分の一週間の行為を「リフレクション」「振り返り」「反省」をし、少しでも聖書の絶対的な教えに近づくようにと「修養」をしていることに……。毎週決まって教会にいくのは「修養」のためだったのです。
その長年の「修養」の慣習（個人にとっては習慣）から、あの品格ある「生き方」が生まれているということに、この歳になってやっと気づいたのです。彼らの品格はみずからが「聖書の教えに沿って、徳性を高め善を行おうという心のコップを上向きにして生きようと意志している」からこそにじみ出てくるものだったのです。私はその時初めて、映画監督もそれを表現することにかなり心を砕いていることに気づきました。若かった時には、単なる「俊足の英雄談」の魅力しか見えていなかったのですが……。

最後に、カント道徳において実践的に（形而下において）修養する方法、つまり「基礎基本を鍛える」にはどうしたらいいのかを簡単に述べておきましょう。「鍛える」ためには、形而上と形而下の「頻繁な上り下り」が重要となります。

①　まずは、「徳性を高め、善を行わんとする心のコップ」を上向きにして生きようと決意し覚悟を決めることが出発点である。

② 道徳問題にからむ判断場面では、自分の判断の動機が自分の〈幸福〉にあるのかそれとも「道徳法則への尊崇」にあるのかを振り返る習慣をつけること。それによって、自分の本性が明らかにされ、葛藤が生まれ、やがて改心が生まれる。

③ 自分の弱さややむをえない事情から、〈善〉よりも自分の〈幸福〉を選んでしまった時、今後はどうしたらそうならないようにできるかを反省・リフレクションをして対策を練り、新たな〈行動方針〉を付けくわえていくことを自分の習慣とすること。その繰り返しの中で、道徳性が鍛えられ、道徳的勇気が強くなっていく。

以上のような「修養」を日常の中で心がけることによって、「道徳性」は限りなく高まっていく、とカントは考えていました。

注1　本章トピック1を参照のこと

注2　カント著、中山元訳『実践理性批判2』光文社文庫、二〇一三年、一三九ページ。なお、カント著、中山元訳『実践理性批判1』光文社文庫、二〇一三年、の九十五〜九十六ページにも関連することが書かれている。

注3　相田みつを著『にんげんだもの』文化出版局、一九八四年

4節　稲盛和夫氏の修養

その1　「反省」という修養

京セラとＫＤＤＩ（現ａｕ）の創業者にして、ＪＡＬの立て直しに成功した企業家稲盛和夫氏。氏の「修養」は日々の「反省」によって行われていたと言えます。

朝の洗顔の時、「良心」が自分の行動を責め立てて反省を迫るのだそうです。カントに言わせれば、「良心」は「法廷のようなもの」ですが、稲盛氏の場合もまさにその「法廷」での裁判が無意識におこなわれていたわけです。

また稲盛氏は「人間は、理性を使って、利他的な見地から常に判断ができれば、いつも正しい行動がとれるはずです」と述べています。これはカントの〈純粋実践理性〉（純粋な道徳理性）の行使に相当します。

また稲盛氏は、人間は利己的な本能を持っているが、それは「自分の肉体を維持す

るため」のものである、とも述べています。プラトンの『パイドン』を思い起こさせる言葉です。[注1]

　このような稲盛氏の生き方は、きわめて「カント道徳的」であったと言えましょう。実は私自身も、「カント道徳」を実践するにつれて過去を振り返って「反省」することが多くなりました。最初はつらい懺悔《ざんげ》の思いに心が締めつけられることが繰り返されました。私の場合は「こんな自分などは死んでしまえばいいんだ！」という激しい言葉が思わず飛び出してきました。これは「意識」してそうなるのではなく、勝手に過去の不徳が次々と思い出されて、そうなってしまうのです。苦しいけれど〈幸福〉になることが使命ではないので「これでいいのだ」と自分に言い聞かせます。

　そのうちに、それで終わらずに、**「昇華」**を目指すことに意識を変えられるようになりました。「昇華」とは、「社会的に認められない欲求や無意識的なエネルギー（イド）が、芸術的活動・宗教的活動など社会的な価値あるものに置換されること」（広辞苑）です。

　まさにこれを理性の力を借りながら行うようになったのです。すなわち、かつて自分の中の**ルサンチマン**[注2]から生じていた「不徳」。それに対する懺悔の思いを、『カント道徳』を正しく世に広めることでこの世の中から争いを少なくし、戦争のない世界にしていこう」という決意へと昇華するようになったのです。

恐らく稲盛氏も、反省のたびに、さらに善い経営をしていこうと決意を新たにしておられたのではないかと想像します（稲盛氏も若い時にはルサンチマンの強い方だったと拝察します）。

では、稲盛氏の「反省ある日々をおくる」から引用します。

「私は洗面をするときに、猛烈な自省の念が湧き起こってくることがあります。たとえば、前日の言動が自分勝手で納得できないときに、『けしからん！』とか『バカモンが！』などと、鏡に映る自分自身を責め立てる言葉がつい出てくるのです。

最近では、朝の洗面時だけでなく、宴席帰りの夜などにも、自宅やホテルの部屋に戻り、寝ようとするときに、思わず『神様、ごめん』という『反省』の言葉が自分の口から飛び出してきます。

『ごめん』とは、自分の態度を謝罪したいという素直な気持ちとともに、至らない自分の許しを創造主に請いたいという、私の思いを表しています。大きな声でそう言うものですから、人が聞いたら、気がふれたと思われるかもしれません。しかし、一人になったときに、思わず口をついて出てくる言葉が、私を戒めてくれているのではないかと思うのです。

このことを私は、自分自身の『良心』が、利己的な自分を責め立てているのだと理解しています（カント道徳では、「良心」は法廷にたとえられていますので、まさにそれと同じですね）。

人間は、理性を使って、利他的な見地から常に判断ができれば、いつも正しい行動がとれるはずです。しかし実際には、そうなっていません。往々にして、生まれながらに持っている、自分だけよければいいという利己的な心で判断し、行動してしまうものです。

それは、たとえば自分の肉体を維持するために、他の存在を押しのけてでも自分だけが食物を独占しようとするような貪欲《どんよく》な心のことですが、そのような利己的な心は、自己保存のために天が生物に与えてくれた本能ですから、完全に払拭《ふっしょく》することはできません。しかし、だからといって、この本能にもとづく利己的な心をそのまま放置しておけば、人間は人生や経営において、欲望のおもむくままに、悪《あ》しき行為に走りかねません。

『反省』をするということは、そのように、ともすれば利己で満たされがちな心を、浄化しようとすることです。私は『反省』を繰り返すことで自らを戒め、利己的な思いを少しでも抑えることができれば、心のなかには、人間が本来持っているはずの美しい「利他」の心が現れてくると考えています[注3]」

まことに、読めば読むほど、カントと同じことを言っている、と思わずにはいられません。

注1　第4章1節を参照のこと
注2　第12章1節を参照のこと
注3　稲盛和夫「反省ある日々をおくる」月刊誌『致知』二〇〇三年七月号

その2　学生たちの感想・疑問・意見に答える③

―「最高善」「神の要請」「存在論（物自体）と認識論（現象）」「マズローのヨナ・コンプレックス」―

それではここで、稲盛氏が半生を振り返ったインタビュー記事「利他の心こそ繁栄への道」（月刊誌『致知』二〇二二年十二月号）を読んだ学生の感想を紹介します。

（学生O）

松風《しょうふう》工業からの独立した時（松風工業は京セラを起業する前に稲盛氏が勤めていた会社です…夏目）、周囲の支援を得られたというエピソードは、自己の利益を捨て去ってでも善く生きようとする意志や行動による結果だと思います。カント道徳における幸福と修養の優先順位や関係性を、面白いほどに明確に示しているように思います。

（著者からのコメント）

あなたのおっしゃる通りですね。その通りだと思います。

これに関連して、善を行った結果としてたまたま幸福を得ることもカントの〈最高善〉の一つですね。〈最高善〉とは、善・徳を条件に幸福が成立することです。そして、究極の〈最高善〉は、道徳的存在であることに最高の〈幸福〉を感ずる境地のことと言えましょう。孔子七十歳の境地がそれです。

「七十にして己の欲するところに従いて、矩《のり》（道徳の道）を踰《こ》えず」[注1]。

とはいえ、第二次世界大戦のヒトラー政権下で、ユダヤ人を密かに救済したドイツ軍人が少なくとも四十〜四十五人はいたのですが[注2]、その「善行」が発覚して死刑になった人もいたわけです。人間であるならやはり死刑は恐ろしく、幸福感などは一気に吹き飛んでしまうものですね。その時です、覚えず「神を要請する」のは。死刑の前に神父を呼ぶことが許され、その秘蹟《ひせき》によって彼らは（神秘的な精神状態の中で）神の懐《ふところ》に抱かれ、至福《しふく》に包まれながら死んでいくことができたのです。神による奇跡を要請することで、〈最高善〉（善と幸福との一致）が成立したのです。これがあの有名な「神の要請」（カント）の究極的な例と言えましょう。

そもそも、善を行ったからと言って必ず幸福になれるという保証はこの世には（存在論的には）ないわけで、だからこそ、このような究極の場面で人間は思わず「神の要請」をしてしまうものである、とカントは考えたわけです。もちろんこれは「困った時の神頼み」とはまったく違い、あくまで道徳行為を前提としたうえでの要請です。そして、認識論的[注3]には、その願いがまさに実現（現実化）できたのです。

なお、右の説明は私の敷衍《ふえん》です。カントの形而上の、理論としての必然性が、形而下の実践としての必然性としてどのように生ずるのかを、私なりに考えてみたものです。

カント自身は、形而上の〈純粋実践理性〉は善と幸福の同時成立を望んでやまないがゆえに、形而下でそれを実現するには「神の奇跡」がどうしても必要となってくる、と考えていて、そういう〈必然性〉について「理論」として論じているだけです。たとえば「最高善が可能となるための必然的な条件として、神の現実存在を要請しなければならない」[注4]……というふうに。

簡単に言えば、「徳高く善を行っていれば必ず幸福になれる」という意味での〈最高善〉を人間というものは望んでやまないがために、本来必然的な結びつきのない両者を結合させるために「神の力（奇跡）」を期待したくなる、ということです。それが「神の要請」の意味するところなのです。それはつまりカントの言うように「最高善が可能であるということは、道徳的な世界創造者（つまり神）が存在するという前提のもとだけで容認される」[注5]

ということにもなりますね。そして、認識論の領域においてはその「要請＝願い」が主観的に体験され、真実（まことの実在）として認識されていくというわけです（存在論的にはそんなことはありえない、ということになるけれど）。

もう一点。神を要請したくなる以上、そこには神を「信ずる」感情も生まれていることでしょう。さらに、信じ、信じ切ることによって、理性の力だけでなく感性の力も加わり、「自分の幸福よりも善・徳の道を優先したい」という思いが強くなっていくことでしょう。そうなった時、たとえ不幸のただ中にあっても「安心」「平安」が確保され、不幸を覚悟で善・徳の道を選ぶ勇気が鼓舞されることでしょう。

（学生P）

私は、働くことは苦痛だが生きていくためにはお金が必要なため、仕方なくやらざるを得ないものだと捉えていました。しかし働くことは「自分の人間性を高めていくためになくてはならないもの」という稲盛氏の捉え方に驚きました。働くことによって人生が精神的に豊かになっていくという発想は（中略）発想の転換というか、どんな環境でもよりよく在ろうとする心構えが前に進んでゆくエネルギーに変換されていくのだと思いました。

何よりもまず「誰にも負けない努力をする」という精進から始まっている稲盛氏。大した努力もせずに諦めたり不満をこぼしたりする人は少なくないですし、私自身そのような部分があります（これは、マズローに言わせれば「ヨナ・コンプレックス」によるものですね。後で説明します）。

全体的に、稲盛氏の考えはカント道徳の考えに通じる部分が多々あったと思います。例えば、「六つの精進」の「三　反省のある毎日を送る」です。これはまさにカント道徳が説くところの「修養」ではないでしょうか。稲盛氏の前向きに進んでゆくエネルギーは、カント道徳と同じ原理ではないかと思いました。

（著者からのコメント）

あなたは稲盛氏の言葉を自分のこととして落とし込みながらじっくりと味わい読んでいるのがわかります。こういう姿勢でこのようなインタビュー記事を読んでいきますと、学ぶことがいっぱいあり、自分の行動方針を立てるための参考にもなりますね。実はこういった「記事」はカント道徳の教材としてもふさわしいものです。「憧れの存在」がそこにあるからです。ただしその時に、

「うつろいやすい心の高揚で終わってはならない、むしろ義務にしたがっている心情の服従（道徳法則への尊崇）を重視することで、印象が長続きできる」注6

といった主旨のことをカントは述べています。そのゴールを忘れてはなりませんね。

なお、「五段階欲求説」で有名な心理学者アブラハム・マズローは、普通多くの人が「ヨナ・コンプレックス」を持っていて、夢や志など自己実現への衝動を持つ一方で、それに向かうことを恐れ逃れようとする「素質」も併せ持っている、と言います。

「われわれはみな、自己を改善し、自己の可能性を実現したいという衝動をもっている。(中略) こう考えてくると、いったいわれわれを阻むものは何だろうか。われわれの邪魔をしているのは何であろうか。いままであまり注目されていなかったので、私がとくに話したいと思っているこのような、成長を妨げるものを、ヨナ・コンプレックスと呼ぶことにする。自分のメモには、最初、この防衛のことを、『自己の偉大さを恐れる心』とか、『運命からの逃避』『自己の最善の能力からの逃避』とかいう名で呼んでいた。たとえ違った方法であっても、われわれは、最悪なものに対するのと同じように、最上のものに対しても、恐れをもつ……(中略) われわれは、生まれつき、または宿命的に、ときには、偶然に、命ぜられた (あるいは、むしろ指示された) 責任を免れようとするのである。ちょうど、ヨナが──徒労に終ったが、──自分の宿命から逃避しようともがいたように[注7]」

しかし、稲盛氏のような世の成功者たちは、このような「ヨナ・コンプレックス」に陥らない人々だと言えましょう。成功者たちは、我々以上の困難に直面しながらそれから逃げずに受けて立ったからこそ、ついには成功に至ったことを、私は月刊誌『致知』をはじめとしたたくさんの記事から学んできました。成功者たちはどの人もこう言っています。

「私には失敗はない。なぜなら、成功するまであきらめないからである」と。われわれはまず、ヨナ・コンプレックスという「幻想」を断ち切る勇気が必要ですね。

学生の感想は以上です。

注1　『論語』巻第一　為政二の四

注2　ヴォルフラム・ヴェッテ著、関口宏道訳『軍服を着た救済者たち』白水社、二〇一四年参照

注3　「認識論」と「存在論」については第5章2節その2を参照のこと

注4　カント著、中山元訳『実践理性批判2』光文社文庫、二〇一三年、一五〇〜一七一ページ

注5　同前、二〇五ページ

注6　同前、二二五ページ

注7　アブラハム・マズロー著、上田吉一訳『人間性の最高価値』誠信書房、一九七〇年、四二～四三ページ参照。なお、「マズロー心理学」の全体を把握するには中野明著『マズロー心理学入門』アルテ、二〇一六年　が読みやすくて参考になる。

トピック5

ルソーの「利己愛・自己愛」

―「アダムとイブの物語」「二つの自由概念」―

一体人間は、どこまで「幸福欲求」を自制できるのでしょうか？　それについて考えるための一つのヒントがルソーの著書にありましたので紹介しておきましょう。ルソーの文章からは次のような分け方を学ぶことができます。

自己愛＝本能的な欲求

利己愛＝社会的な欲望

ルソーは言います。

「利己愛（アムール・プロープル）と自己愛（アムール・ド・ソワ）を混同してはならない。

この二つの情念は、その性格においても、その効果においても、きわめて異なるものなのである。自己愛は自然な感情であり、すべての動物たちはこの自己愛のために自己保存に留意するようになる。人間においては、理性に導かれ、憐《あわ》れみの情によって姿を変えられることを通じて、自己愛から人間愛と美徳が生まれる。

これにたいして利己愛は、社会の中で生まれる相対的で人為的な感情である（主に他者との比較をすることで、嫉妬や羨望や焦燥や憎悪がうまれる）。それぞれの個人はこの感情のために自分をほかの誰よりも尊重するようになる。そして人々はこの感情のために他者にあらゆる悪をなすことを思いつくのであり、さらに名誉心の真の源泉でもある（他者と自分の比較を通して、人間は羨望や欲望をたぎらせるものだ）。

このことを確認したうえで、ここで検討している原初の状態、真の意味での自然状態では、利己愛は存在しないことを指摘しておきたい。（中略）

利己愛は、自分の力のおよばないものとの比較から生まれるものであり、このような感情が野生人の魂のうちに芽生えるとは考えられない。同じ理由から野生人は、憎悪の感情も復讐の欲望も抱くことはないだろう[注1]」

ルソーはこのように「幸福欲求」を二つに分けました。

この文章を読んで私が連想したのは次のことです。人間の「理性」なるものは**〈善への意志〉**で使われれば善いことを導き、**〈悪への意志〉**で使われれば悪いことを導くことが考えられます。また〈幸福への意志〉で使われれば、意図しようとしまいとにかかわらず、半分「悪」をもたらしましょう。

まさに、そうであるからこそ人間には「道徳教育」が絶対に必要であったのです。それも前頭葉がつかさどる「道徳的意志」＝「善への意志」に意識を転換できる力を鍛えることがどうしても必要であったのです。

仏教の修行として今も残る千日回峰行《せんにちかいほうぎょう》や四無行《しむぎょう》などの過酷な修行は、〈利己愛〉はもとより、人間の〈自己愛〉（本能）の限界がどこにあるのかに挑戦したものでもありましょう。私はその限界の深みを知ることで、「自分などはまだまだ生ぬるいな」という叱咤激励《しったげきれい》をいただいています。この叱咤激励は、いざという場面で踏ん張る力を与えてくれ、実にありがたいものです。

野生動物は、ほぼ自然な〈自己愛〉の範囲で行動をしますが、人間は〈自己愛〉はもとより、〈利己愛〉をせっせと満たそうとする存在者と言えましょう。

たとえ話ではありますが、アダムとイブの時代に、人間は、禁断のリンゴの実を食べたために「理性」なるものを宿してしまい、平安な世界（自然法則だけが支配する世界）から追放されたのが運のつき。その「理性」を使って抜け目なく私利私欲を満たそうというワル知恵が働くようになり利己愛をむさぼるようになってしまいました。その結果、争いや現代病や戦争や環境破壊の「苦役」を負うようになったと言えましょう。

だからこそ、それを防ぐために、善への意志で「理性」を使うことができるような道徳教育が、人間には絶対に必要だったのです。

現代社会は環境悪化や核戦争やＡＩの危機によって人類としての死にまで、今や追い込まれていると言えましょう。この危機から逃れるためには、人類の行動方針として可能な限り〈利己愛〉を排して生きる決意を迫られていると言えないでしょうか。

注1　ルソー著、中山元訳『人間不平等起源論』光文社文庫、二〇〇八年、一五七〜一五八ページ

第11章 〈自己支配力〉をどう養うか

「行儀には人一倍うるさい父の目がなくなって、家族の視線がなくなって、私はいっぺんにたがが緩んでしまったのです。」(向田邦子)

他律や自分(たち)の幸福を動機とする道徳教育の限界がここにある。

はじめに

大学生を対象とした私の「道徳教育の方法」の授業で、一番反響が大きかった教材が、『独りを慎む』（廣済堂あかつき・中3）でした。原文は向田邦子の著書『男《お》どき女《め》どき』（新潮文庫・一九八五年）の中の一作です。あらすじは次のようなものです。

二十代後半になって、厳しい父親のいる家から自立し、アパートで一人住まいを始めた主人公は、一気にたがゆるんでしまい、とたんにお行儀が悪くなっていきます。たとえば、瓶詰《びんづめ》のおかずをとりわけるのが面倒で直《じか》に箸《はし》をつっこんで食べたり、下着姿のまま部屋の中で過ごしたり、などなどと。その自堕落《じだらく》ぶりは次第にエスカレートしていき「転がる石はどこまでも」の自分を感じて恐ろしくなります。そしてこれは「精神の問題」であると気づき「独りを慎む」という言葉を思い出します。自由と自堕落の違いにも気づき、生活を立て直そうと決意するのです。

この文章を読んで身につまされた学生がたくさんいました。大学生になって親元を離れ、自由な生活を満喫しているうちに、どんどん自堕落な生活になっていった、まるで自分はこの主人公のようだ、という声が続々と上がってきたのです。

人間というものは、「人の道に反する」とわかっていながら、どうにもやめられないということが往々にしてあるものです。**自分の中の「幸福欲望」（この場合は「快」）が実行を邪魔しているからです。**

そして、日ごろから「独りを慎む」ことで自分の「幸福欲望」と向き合い、理性でコントロールする修養を行っていないと、いざという時の「道徳の実践」はなかなか難しいものと言えます。そこで、カントは「独りを慎む」力を**〈自己支配力〉**と呼び、重視しました。

この問題を考える時、私の考えた〈内からの自由と外からの自由〉[注1]という対比的な表現による考察を学生に紹介したところ、気づくことが多かったようでリアクションペーパーにたくさん感想を書いてくれました。

本章ではそのような問題を扱います。

注1　本章トピック6を参照のこと

1節 『独りを慎む』を通して〈自己支配力〉について考える

作品『独りを慎む』の冒頭にはこうあります。

「行儀には人一倍うるさい父の目がなくなって、家族の視線がなくなって、私はいっぺんにたがが緩《ゆる》んでしまったのです。」

要するに主人公は、これまでは父の目や家族の目を気にして「行儀」を良くしていたにすぎなかったことがあきらかになってしまったのです。このように他者の目を気にして「行儀」をよくする律し方を「**他律**」と言います。これは仮言命法の道徳の一つであり、本当の徳性とは言えませんね。なぜなら、他者の目が届かない所では通用しない在り方で普遍性がないからです。本当の徳性を持つ人なら、人の目があろうとなかろうと普遍的に「独りを慎む」ことができなければなりません。

では、普遍性を保証する〈徳性〉〈道徳性〉とはどのようなものでしょうか？

「行儀」を例に言うなら、他者が見ていようといまいとにかかわらず「行儀」そのものに価値（真・善・美）を感じて尊重し、その行儀を磨こうとする意志や性格のことです。このような律し方を**「自律」**と言います。「自律」なら普遍性が保証されていきますね。

「独りを慎む」はすでに中国の古典『**大学**』にも載っており、人の上に立つ人や徳性を目指している人は、努めて「独りを慎む」修養が大切だと述べています。

こうして古典にも取り上げられるほどに、「独りを慎む」ことは難しく、また人として欠くべからざるものだったのです。カントの場合はこれを〈自己支配力〉と呼んで、道徳的実践力の土台としています。

1　自己支配力をつけるためには良き習慣を

自己支配力をつけるためには、良き習慣を身につけることです。

「時を守り、場を清め、礼をただす」（森信三の言葉）「一挙一動をこころがける」「履《はき》物《もの》を揃《そろ》える」「ゴミを拾う」「毎朝トイレ掃除をする」「朝の早起きの時間を決め、一日の流れをそれを起点に決めていく（必然的に夜は早めに床に就くこととなる）」……など

2 作品を読み味わう

作品の前半までを読んだ時、学生の中には、「この何がいけないの？　いつも自分は（人の見ていない時には）行儀など守らずに気ままに生活しているよ。だからといって人に迷惑をかけるわけでなく、別に問題を感じないんだけど」「いつも緊張しっぱなしでは息が詰まるよ。人間息抜きも必要だよ」と思った人もいました。

あるいは、今の生活にほぼほぼ満足している学生から「別に、人に迷惑をかけないのなら、行儀悪くてもいいんじゃないですか？」という意見も上がりました。

授業ではまずはそのような思いを否定しないですくいあげ、みんなで発表し合って話し合うことも哲学的な対話の入口になるでしょう。道徳の在り方について広く哲学することと自体が道徳理性を磨くことに通じているのですから。

というわけで、この作品の主人公の在り方に、問題を感じる人と感じない人とで話し合いを深めてみることが最初にすべきこととなりましょう。

義務教育の授業では、部活や勉強やクラブやお稽古事で目立って活躍している人の多くは（一人でいるときも）「行儀」というルーティーンを大事にしている場合が多いので、彼らからいろいろと学ぶ良い機会になりましょう。

あの人のようにスポーツがうまくなりたいとか、あの人のように勉強ができるようになりたいとか、あの人のようにみんなから好かれたい、といった「憧れ」のクラスメイトもいるはずです。そんな生徒から、外からは見えない「心の習慣」や「行動習慣」など、学校以外の場における自分なりの工夫について聞くことができたら、その時間は素敵なひと時となることでしょう。その際、大リーグの大谷翔平選手を参考にするのも効果的でしょうね。

それらをきっかけに、その後の学校生活の中でみんなで振り返りをして感想を話し合うことを続けるならば、「前向きに向上しよう」というクラス全体の雰囲気がきっと盛りあがってくるに違いありません。

機会を見計らって「時を守り、場を清め、礼を正す」という言葉を教え、みんなでそれを第二の学級目標に決めていくのもいいでしょうね。

しかし、その際、その最終的な落としどころが見えているかどうか？

おそらく多くの人は、「集団生活を幸福に進めていくには行儀が必要だ」とか「自分の将来の幸福のためには行儀は必要だ」と考えている人が多いことでしょう。しかし、これは仮言命法です。〈幸福〉の手段として「行儀」（道徳）を位置付ける考え方は仮言命法です。

しかし、だからと言ってそれを頭から否定する必要はありません。一度それを「肯定」し受け入れ、その後で、本当の道徳性（定言命法）へとうまくひっくり返してつなげていくことが大切だと言いたいのです。「二歩前進のための一歩後退」をするわけです。これを「否定の否定」[注1]の上達論と言います。

「行儀」の本来の価値は、〈善への意志〉を持たない人には本当はわからないかもしれませんね。つまり日ごろから「徳性を高め善を行おうとする心のコップ」が上向くように自ら好んで意志している人にしかわからないのではないでしょうか。そこに、一筋縄ではいかない原因があります。教師は長期的見通しを持つ覚悟をしましょう。子供たちがなかなか変わらない時期をむしろ味わいましょう。

たしかに、大リーグの大谷翔平選手のように、あるいは部活動で優勝を目指している生徒のように、あるいは○○大学に入ることを目指している学生のように、何か功績や名誉といったたぐいの熟練の幸福や、技能が向上した時に感ずる熟練の幸福などを「目標」にして努力している人にとっては、日常での「行儀」あるいは「ルーティーン」を守った方がそれらが達成しやすいため、それに「幸福価値」を感じている場合も多いと思います。まずはそれでＯＫです。

しかし、これらはみな〈幸福〉を目指してその手段として「行儀」をとらえているものであり、このようなあり方のままではいざという時に「道徳性」や「自律性」においてボロがでてしまい、その時に大きな挫折となることは確かなのです。

先の東京オリンピックで、メダルを取りながらその選手村で盗みを働いて逮捕された外国人選手さえいたくらいです。またスポーツをやめたとたん堕落する人もいるくらいです。目標の大学に入った途端に、燃え尽きて迷走の人生を始める人もいるくらいです。

つまり、「自分の幸福」を第一の目的とするのではなく、〈徳性〉そのものの大切さをどこかで気づき悟る（腑に落ちる・得心する）**ことがないと、本当の「道徳性」は身につかないと言いたいのです。**

もちろん初期段階で仮言命法的であることは、（人間だもの）必要でさえあるのですが、その動作が習慣化して心に余裕ができたなら、すぐさま次の段階へとギア・チェンジをしなければならないのです。

注1　「否定の否定」とは……弁証法の三大法則の一つ。たとえば、「ゴールを「行儀そのものに価値を感じてそれを行えるようになること」とした場合、第一段階目ではそのゴールを否定して（これが一つ目の「否定」になる）、自分の幸福を実現するために「行

儀」を「手段」として生活する段階がある。そしてその「行儀」が習慣化していくにつれて、心が整えられゆとりが生まれると、「行儀」そのものの価値に「関心」が生まれる余裕が現れてくる。そして「行儀」の種類を増やすようになる。そうやって「行儀」そのものに「価値」を見出せる道が開けていき、ついにはまさにその絶対的な価値を感ずることが、新たな動機となる時がくる。弁証法の量質転化が起こるのである。イチロー選手やサッカーの三苫薫《みとまかおる》選手がそうであったように、何かをきっかけにして急速に「徳」そのものの大切さを感じるようになり、さらに考えるようになり、幸福（成果・利・快）を抜きにして「徳」そのものを信念を持って求めるようになるのである。この段階では、「一つ目の否定」をさらに否定して「肯定」に転じていく。これが「否定の否定」の上達論である。詳細は三浦つとむの『弁証法はどういう科学か』講談社現代新書　を参照してほしい。なお、「量質転化」するきっかけとしては、大きな失敗をして目が覚めるのもその一つである。

トピック6
〈内からの自由〉と〈外からの自由〉

ここでは「自由」というものについて哲学をしてみたいと思います。

「自由」には対照的な二つがあります。**〈内からの自由〉**と**〈外からの自由〉**です（この言語表現〔シニフィアン〕は私の創見です）。

〈外からの自由〉とは「自分の外に存在するものの力による規制」からの自由のことです。たとえば国家権力の横暴からの自由、共同体の悪習からの自由、会社経営者の理不尽な命令からの自由、学校のブラック校則からの自由、父母の過干渉からの自由、差別や格差や貧困からの自由……などのことです。これらの自由は**〈市民的自由〉**と言い換えられましょう。

〈内からの自由〉とは自分自身の内なる欲望からの自由のことです。内なる欲望を道徳理性で抑制し自在にコントロールできる場合、その人には「内からの自由がある」

と言います。これを**〈道徳的自由〉**と言い換えることができます。カントの言う「自由」とはこのことです。

このように言いますと、「欲望を制御する」という不自由の、いったいどこが自由なのか？　とツッコミを入れたくなる人もいることでしょう。

お答えしましょう。ここでは「自由感」というものがどういう時に生まれるかに焦点をあてて考えてみましょう。

〈内からの自由〉の場合は、時間をおいてその不自由感を埋め合わせて余りあるだけの大きな自由感が得られるからです。不自由に耐え刻苦勉励したことで、希望の学校に入れたり、さらに励んで自分の夢だった仕事に就けたり、自分の生涯の天命・志を遂げることができるなら、〈内からの自由〉はやがてずっと「大きな」自由感を「長期に」保証すること、と言えるのではないでしょうか（ただし、本来の〈内からの自由〉の意義は、道徳性を高めるための土台である点にあり、〈幸福〉はあくまで付録・結果です）。

このように考えていきますと、「行儀」というものは〈内からの自由〉を得るための装置であり「ままならぬ心」を整えるための「修養の型」であることに気づきます。そして〈内からの自由〉は、道徳的実践力のための土台として必要不可欠なものであることにも気づきます。

〈内からの自由〉は**「自分の幸福欲望・煩悩」からの自由**を意味することになります。実はこれこそがカントの言う「自由」であり、また禅宗の悟りの境地の「大自由」であり、それを私は〈内からの自由〉と呼び〈外からの自由〉と対比しやすくしたのです。

　大切なことは、二つの自由はベクトルが逆向きで、一方は「自分自身」、一方は「他者」に向かっていて、最初は全く別物です。が、両方が大切であり、両者は「相互依存の関係」（三浦つとむ弁証法では「対立物の相互浸透」と表現しています）にあるという点が大切です。

　たとえば、庶民の道徳性が高く〈内からの自由〉が獲得できている社会では、法令による規制はどんどん不要になっていき〈市民的自由〉を広げやすくなります。逆に庶民の〈内から自由〉が低下していきますと、社会はアノミー（無秩序で犯罪の多い状態）となり、為政者は規制をどんどん作らざるを得なくなります。つまり〈市民的自由〉がなくなっていくのです。このように〈内からの自由〉の拡大と〈外からの自由〉の拡大とは依存関係・相互浸透の関係にあるわけです。

　ですから、時間と場所をずらしてそれぞれを大切に育てることが肝要となります。そして両者が螺旋《らせん》状に成長していくように目指さなければなりません。

ところがところが、今日「自由」といえば〈外からの自由〉しか思い浮かばない人が圧倒的に多いのであり、リバタリアン（過激な自由主義者）はその典型です。彼らの誤りは〈内からの自由〉の重要性に気づいていない点です。そのため、過激に〈外からの自由（市民的自由）〉ばかりを求め、かえって後からもっと大きな〈外からの自由〉を一気に失う羽目になるわけです。これが**「自由の逆説」**です。先進国の病の原因の多くは、実はこの自由の逆説問題と言えるのではないでしょうか。

もし子供たちに〈内からの自由〉が身についていますと、たとえば期末試験前の1週間、自分の好きなゲームを我慢して勉強に集中することがたやすくできるようになります。あるいはメールやSNSに振り回されず落ち着いて自分の勉強やスポーツや趣味や読書に専念できるようになります。

それらのことによって、やがて難しい資格を取ることができたり難関校に合格できたり、優れた技能が身についたりして、将来はずっと大きな選択の自由を得ることができるわけです（大リーグの大谷翔平選手の子供時代をここでは思い浮かべてください）。

一方、道徳的に大切なことは、感情コントロールができるようになる、という点です。この自由を手に入れますと、他者とのいさかいが少なくなって傷つくことも少なくなり、他者から好かれることにもなり、生きるのが楽になり楽しくもなっていきます。つまり、**自分の幸福欲望を中心にふるまっていた時の〈自由〉よりもはるかに高度で大きな「人生の自由」を満喫できる可能性が広がるのです。**

さらに、これが本命なのですが、〈内からの自由〉が身につくにしたがって徳性を高め善を実践することがスムーズにできるようになり、「道徳性」が高まりやすくなっていく点です。

このような真理にどうやって気づいてもらえるか、授業ではこの章をきっかけにし、いろいろアイディアを出し合っていきたいものです。

一方、〈内からの自由〉が身についていない人、というか、「自分の幸福欲望」を道徳理性でコントロールしようと努めていない人は、次第にその制御ができなくなり、ついには反道徳的な行為や犯罪などを起こしやすくなる傾向に引っ張られがちです。とりわけ「ルサンチマン」にとらわれている人ほど……。そういう人は他者とのトラブルも多くなり、結局「生涯の不幸量」もずっと多くなることでしょう。これは幸福を求めて幸福を失うという「逆説」ですね。

そして、そういう人が増えた「社会」や「国家」はアノミーになりやすく、それがまた、ますます個々人の「こころ」を腐らせていくことになります。

そのような「アノミー社会」になった時、常識的で保守的な人々や政権を握っている人々は、腐敗からの脱却を目指して、ここぞとばかり「法令」を新たに作って取り締まりを強化しようとするのが必然的な流れではないでしょうか。これが**「自由からの逃走」**現象です。この心理的なメカニズムに気づいたのがエーリッヒ・フロム[注1]です。

ですから、市民にとっての〈消極的自由空間〉(規制の不在空間)を少しでも守り広げておきたかったなら、〈外からの自由〉と同時に、〈内からの自由〉も一方で育てておかねばならないということになるわけです。これは論理的必然であり、自然科学のようなエビデンスは不要です。

ですから、ジョン・スチュアート・ミルの『自由論』の「法論」では可能な限り〈消極的自由〉(規制の不在空間)を目指すべきだが、第四・五章では、「道徳論の分野はそれとは別物である」とあえて述べています。つまり、「法論」では〈外からの自由〉(規制の不在)を求めるべきだがそれだけでは人生や社会はうまく回らない。「道徳」が必要であり〈内からの自由〉の育成が必要だ、と気づいていたことになるのです。

しかしながら、過激な自由主義論者は、(わざと?)ミルのこの部分の重大性を見落としてきました。今もなお。

結局、〈外からの自由〉（市民的自由）を広げたいのなら同時に〈内からの自由〉（道徳的自由＝自己支配力）を一方では鍛えなければならないのです。

フロムが晩年に書いた『愛するということ』を読みますと、この場合の「愛する」とは恋愛感情のことではなく「共同体愛」のことであり、この「愛」のためには人々の「徳性の向上」が必要であるという結論に至っていることも付け加えておきましょう。具体的には「配慮・責任・尊敬・知」の四つを挙げています。[注2]

注1 エーリッヒ・フロム著、日高六郎訳『自由からの逃走』東京創元社、一九五一年

注2 エーリッヒ・フロム著、鈴木晶訳『愛するということ』一九九一年、四八ページ

トピック7

「構造」の不在は崩壊につながる

一九八〇年代に未来予測の書として一世《いっせい》を風靡《ふうび》したアルビン・トフラーの『第三の波』。その第二五章には、心理学者ロロ・メイの見解を下地に、こうあります。

「構造の不在は、崩壊につながる」[注1]

ここでの「構造」とは「行儀」であり「規律」であり毎日の「ルーティーン」であり「決まっているスケジュール」などのことです。掃除をしたり整理整頓することも「構造」を守ることになります。生徒なら「迷うまでもなく学校へ行かねばならない」というのも大事な生活の構造です。

明確な「構造」がないと、人間というものはあっちへふらふらこっちへふらふらと心がふらつき、体調を崩し、次第に不安が募って心身症を患いがちにもなります。ロロ・メイの見解を広げますと、最悪の場合には明確な「構造」を求めて（拘置所にいれられ、規則正しい生活に縛られたくて）麻薬にも手を出して警官に追われたい衝動にかられるようになる、ということになりましょう。

中国古典には「小人閑居《しょうじんかんきょ》して不善《ふぜん》をなす」という言葉もあるくらいで、これは人間の真実をついているのではないでしょうか。

さて、その「構造」の一つとして「行儀」というものがあるわけです。「行儀」とは立ち居振る舞いの作法のこと。「作法」とは起居・動作の正しい方式のこと。何をもって正しいとするかはその共同体の長い伝統・文化の中で洗練されてきたものという条件が必要であって、それぞれの共同体にはそれぞれの作法が根付いていると言えましょう。加えて、それなりの合理性も条件の一つでありましょう。

日本には**「小笠原流礼法」**というものもあります。その特徴の一つは「一挙一動」。たとえば、「汁物のお椀のふたをとるとき、箸をおいてからとる」とか「歩きながら物を食べない」とかがそれです。そこには行為としての「美」が鍛えられる余地が生まれ、物を大切に扱おうとする心も育てられる余地が生まれます。また、汁をこぼす失敗を事前に防いでくれます。またそれを身につけるにつれ、（最初はそれどころではないけれど）心が整理されて意識の集中力が高まり「軸」ができ、物事に動じなくなる道へと導いてくれます。また、人格を整える「道」へと導いてくれます。
それはやってみればわかります。

「小笠原流礼法」は命がけの闘いが頻発した鎌倉時代に出来上がったものと言います。生と死を常に気にかけざるをえないがゆえに「覚悟」や「胆力」を鍛える必要があったのであり、それを鍛えるためのツールとして「型としての礼法」が重視されたと言えましょう。

ですから、スポーツの大舞台であがらずに平常心で闘えるためには、日ごろから意識して礼法・礼儀を大切にすることが大事になるというわけです。ただし、いつまでも他人から強制されてそれをしている場合は違う結果になりましょう。指導者は自律を目指して指導することが必要でしょう。「否定の否定」の上達論に沿いながら。

「勝負心」を鍛えるには、日ごろから「自分の欲望＝気ままな感性」と闘う修養が絶対に必要なのですが、それを促進してくれる型が「礼法」であり「礼儀」であり「ルーティーン」ということになりましょう。

「行儀」に意識を集中することで、乱れていた心に落ち着きが取り戻され、心が整えられ、物事に臨む際の集中力が生まれます。それは、気ままでコロコロ変わりやすい「こころ」や湧き上がる「欲望」を、「理性」で制御しコントロールすることを、後ろから助けてくれます。最近ではスポーツ科学が発達し、試合前の「ルーティーン」を持つことで心が落ち着き集中力が生み出されやすいこともわかってきていますね。

道徳性を磨く視点からは、「行儀」を守ることを通して、意識の上でも肉体の上でも〈徳性〉や〈善〉を実行しやすい状態を整えてくれる点が挙げられましょう。気持ちがすっきりとして、前向きな考え方、素直な考え方になりやすくなります。つまり、「行儀」の目的は「徳性を高め善を行うこと」をしやすくすることにあると言えるのです。その意味からも「行儀」は必要なのです。しかし、そもそも出発点の心のコップが上向いていないと、その大切さはなかなか気づけないものですが……。あなたはいかがでしょうか？

注1　アルビン・トフラー著、徳岡孝夫監訳『第三の波』中公文庫、一九八二年、四八六ページ

2節　道徳性を高めようとする意志を持ってこそ「人間」と言える

さて、「トピック」はこのくらいにして、元に戻りましょう。

作品『独りを慎む』には

「自由を満喫しながら、これは大変だぞ、大変なことになるぞ、と思いました。『転がる石はどこまでも』」

とあります。

「大変なこと」って、一言で言うとなんでしょうか？　トピック６・７を参考に考えてみてください。

答えは**「生活の構造の喪失による人間の崩壊」**です。〈生活の構造〉がなくなると、心が崩れ、精神と肉体が崩れ始めるというわけです。そうなりますと、現在や将来に生きていくために必要なスキル（知識・技能・健康など）や徳性を鍛えることなど、とてもできなくなるでしょう。明るい未来が見えなくなっていくことでしょう。やがて鬱《うつ》にもなりやすいでしょう。

その次に

「これは、お行儀だけのことではないな、と思いました。精神の問題だ、と思ったのです」

とあり、その後にいくつか「精神の崩壊」の具体例が描写されています。実に説得的です。

その後には、これまでのことをこう総括しています。

「自由は、いいものです。ひとりで暮らすのは、素晴らしいものです。でも、とても恐ろしい、目に見えない落とし穴がぽっかりと口を開けています。それは、行儀の悪さと自堕落です。自由と自堕落を、一緒にして、間違っている方もいるのではないかと思われるくらい、これは表裏であり、紙一重のところもあるのです」

私の言葉で表現するなら、〈外から自由〉と〈内からの自由〉とは表裏一体であり、〈外からの自由〉ばかりを追っていると〈内からの自由〉を見失い、「自堕落」→「崩壊」を招いてしまう危険性が高まる、ということになります。

では、〈自己支配〉ができるようになるためにはどんな修養が必要でしょうか？

一つは、道徳の時間に、みんなで知恵を出し合うことだと思います。自分たちで考えることで自分ごととしての自覚が確実に高まりますから。この時、スポーツが得意な人や勉強のできる人や人柄の良い人にも大いに語ってもらうのもいいでしょうね。国民教育の父と言われた森信三氏は、「時を守り、場を清め、礼を正す」という三つを目指すことで学校生活（共同体）が大改革される、と遺《のこ》しました。これを自分の行動方針や学校の第二の校訓として実践していくのもよき修養となることでしょう。

鍵山秀三郎氏は「トイレ掃除」を行うことで道が開けてくると唱え、実際に多くの人生の成功者を育て、様々な共同体の復権（例えば、広島の暴走族の改心）を起こす奇蹟を生み出しました。

私の場合は、「早起き」することで人生を立て直してきました。遅まきながら四十五歳の時にそれまでの「徳性」のない愚かな自分を深く反省し、一大決心をしたのです（自分の不徳に気づけたのは月刊誌『致知』に出合ったことによってです）。

毎朝四時に起床して読書をし、六時から七時まで近所の神社の境内の掃除と肉体のトレーニング（腕立て百回、スクワット百回、杉の木に正拳突き百本）、家に帰って水をかぶる、（真冬でもかぶる）、という修養を行ってきました（六十を過ぎてからは、カントと同じ四時四十五分に起床し、一日おきに同じルーティーンを続けています。また太極拳も加わりました）。

後ろを振り返りますと、朝の読書によって、膨大な量の読書を積み上げてきたことに気づきます。五十歳で大学院に進学し、六十歳で前の仕事を定年退職した後、大学の教師に採用していただけたのも、その成果でした。

また今の専門は「カント道徳教育」ですが、これまで世界の研究者の誰も解けなかったカント道徳の真実や応用の可能性を読み解けたのもその成果と言えるでしょう。

具体的には、

・カント道徳は、形而上と形而下の二重構造をしており、形而上の原理は絶対義務であり普遍的だが、形而下においては努力義務に緩められること。[注1]
・正義論と道徳論を、定言命法に立って明確に区別したこと。[注2]
・卓越性と道徳性とを定言命法に立って明確に区別したこと（本書では割愛）。
・「嘘」についてのカントの弁明は形而上と形而下の区別がなく失敗していることを解明したこと。[注3]
・カント道徳を道徳教材として実用化していること[注4]（他教材については割愛）。

昔から「早起きは三文のとく」という言葉がある通り、「徳」も「得（利）」も四十五歳前よりもはるかに身についているのを私は感じています。肉体の老化は防ぎようがありませんが、頭は若い時よりもむしろさえわたっているのを感じます。唯一、なかなか制御できないのは「食べ過ぎ」です。歳をとってからは「腹八分目に医者いらず」が真実であるのを実感していながら、よく失敗します。

さて元に戻ります。作品はこう続きます。

「『独りを慎む』この言葉を知ったのは、その頃でした。言葉としては、前から知っていたのですが、自分が転がりかけた石だったので、初めて知った言葉のように、心にしみたのでしょう」

どうやら主人公は欲望のままにコロコロと転がり続けることなく、なんとか崩壊を止めることができたようですね、「理性の力」によって。そう、この「理性の力」を発揮しやすくするのにも、「礼儀」などの型・ルーティーンを持つことが有効です。「こころ」が落ち着くのに正比例して「理性」も発揮しやすくなるからです。

主人公の場合は、幼少期からの父親のとても厳しい教育で「マナー・礼儀」を形の上で身体化していたので、自分の自堕落が「違和感」という形である程度相対化できたのかもしれません。しかしさらに上をいくには、本当は乳幼児期の**模倣の時代**に、もっと自然に、親たちの後ろ姿でそれを教える方が、〈自律〉という点からみて効果的であり、主人公のような反動を招かなくてすむのではないでしょうか。

加えて、どこかの段階で、単なる習慣ではなく理性の納得による〈自律〉に切り替える必要が絶対にあります。発達年齢において理性に目覚めたあたりから、「カント道徳」の学びが必要となる、ということが言えるのではないでしょうか。

作品にはさらにこうあります。

「誰も見ていなかった、誰も気がつきはしなかったけれど、なんと恥ずかしいことをしたのか。闇の中でひとり顔を赤らめる気持ちをなくしたら、どんなにいいドレスを着て教養があっても、人間として失格でしょう」

「人間、恥をなくしたらおしまいだ」という言葉を聞いたことがあります。しかし、「自由（外からの自由）」の美名のもとにこの「恥の精神」も人間から失われつつあるようです。生き方の「型」が失われれば「恥」の感覚もなくなりましょう。

「人間として失格だ」とありますが、カントに言わせれば、道徳性を高めようとする意志を持ってこそ「人間」と言えるのであり、他の動物との大きな違いとなります（そして、能力と影響力において他の動物の上に立つのだからこそ、他の動物に対しての責任も生まれるのです）。ですから、〈善への意志〉こそが何よりも大切なものなのだと『人倫の形而上学の基礎づけ』では真っ先に説いているわけです。

作品の末尾にはこうあります。

「『独りを慎む』、これは、人様に対して言っているのではありません。独立して十七年になりながら、いまだになかなか実行できないでいる自分に向かって、意見している言葉なのです」

大事なことは、この主人公のように「独りを慎む」という形而上の〈行動方針〉に向けて、形而下では何度も失敗しながらもあきらめずに反省しつつ挑み続けること、それなのです。それこそが「カント道徳」の実践上の核心なのです。そのために、「軸」としての絶対的な指針として「独りを慎む」という理想を自分の〈行動方針〉として形而上で高く掲げ続けることが大切になるのです。

以上、私なりの解釈と哲学を披露してみました。〈自己支配力〉はどの年齢の人にも極めて大切な一生涯における大きなテーマでありましょう。

注1　第6、7章を参照のこと
注2　第8章を参照のこと
注3　第9章を参照のこと
注4　第4章を参照のこと

第12章 それにもかかわらず道徳的に生きることを嫌う人のために

乳幼児期の深層心理に沈潜していたルサンチマンのエネルギー。そして、価値相対主義によるニヒリズムへの傾倒。それらを解消することなしには道徳教育を素直に受け入れることは難しいかもしれない。われわれはこの難題にこれから挑戦していかねばならないだろう。

※この章は「カント道徳」の解説ではなく私個人の経験に基づいた考察と推論で成り立っています。

1節　ルサンチマンにとらわれている人のために
―ルサンチマン・マズローの五段階欲求説―

その1　ルサンチマンとは何か

それにもかかわらず、徳性を高めることなどどうしてもしたくないという「心の叫び」を持った人がいます。そのような人とはどんな人でしょうか。

多くは**「ルサンチマン」**を持った人でしょう。ルサンチマンとは、本稿においては、過去の積もり積もった恨みつらみにとらわれることです、深層心理のレベルにおいて。

とりわけ多いのは、乳幼児期に親や家族に大切に世話（ケア）してもらえていない、と感じてしまったことを原因とするものです。

何らかの原因で乳幼児期に大切に世話してもらえなかったことで味わった「孤独・寂しさ・不安・恐怖」が心の奥底にマグマのようにたまっていき、それが「共同体への不信・恨みのエネルギー」として固まったものが（ここでの）ルサンチマンです。これはフロイトの「深層心理」の世界です。その特徴としては「私を見つめて！」という〈承認欲求〉が非常に強い点でしょうか。

普通に親に育てられたとしても、乳幼児期にすぐ下に弟ができた場合、一気に親の意識が弟に向いてしまうので、愛情の欠乏感が深層心理にたまっていきます。けなげに我慢していればいるほど……。あるいは両親が共働きで仕事にばかり意識が向かっている場合にも愛情の欠乏感が深層心理にたまってしまいます。けなげに「おりこうさん」はしているものの……。たとえ親が子供のことをいつも気に懸けていると自負していたとしても、スキンシップの絶対量が不足の場合はやはり同じです。ですからこの問題は結構一般的に普通に見受けられることなんです。

なお、両親が喧嘩ばかりしている場合も乳幼児の心は大きく傷つきますからルサンチマンが醸成されてしまいます。親から虐待を受けた場合は、もはや言うまでもありませんね。

ただし、祖父母がその代替をある程度することは可能のようです。「家族」は共同体の最初の段階ですから、それへの不満＝ルサンチマンはその後に出会うあらゆる共同体に対しても無意識に反応してしまうようです。

ペスタロッチは「人は自分が大切にされることによって、人を大切にできるようになるのです」と述べましたが、ここから推論できることは、「人に大切にされなかったことで、人を大切にできなくなる（無関心になる）のです」ということです。

ルサンチマンの問題についてイメージを容易にしてくれる例が「私の履歴書」（『日本経済新聞』）にありました。ファッション・デザイナーで世界的にも著名な山本耀司《ようじ》氏の告白です。山本氏はいまだにルサンチマンが消えない、と次のように告白します。

「こんなつらい人生、さっさと終らせたいと思って生きてきた。もちろん自殺するつもりなど毛頭ない。残された家族が悲しむだろうから。

生まれながらの反逆児――黒光りする爆弾を心の奥にそっと忍ばせ、世の中にはびこる権威や偏見、慣習とやらを木っ端みじんにぶっ壊してやろうと夢想し続けてきた。ひょんな偶然からファッションデザイナーの道を歩むようになるが、もし、そうでなかったら、今ごろ犯罪者として刑務所に入っていたかも知れない[注1]」

これが、乳幼児期のケア不足によって身につけられてしまったルサンチマンの典型です。

山本氏の場合には、幼児期に父親の命を戦争で奪われて母子家庭になってしまっただけでなく、母親の愛を必要とする大事なその時期に、母親から離されて育てられたのです。生活のためにやむなく。そのため、「親の愛」の欠乏感が深層心理に深く傷を創り、その痛みは怒りのマグマとして積もり積もってしまったと言えましょう。

やがて思春期を迎えますと、「戦争が父をうばった」と理論立てし、その怒りの矛先を意識的に国家権力や、さらにそれらを支える共同体そのものへと向けるようになったと思われます。まことに「三つ子の魂百まで」とはこのこと。

最近では環境汚染を原因とする「発達障害」やそれに準ずる場合も多くなり、その場合は子育てがとてもやりにくく、親がイライラして厳しくあたることが多くなってしまうので、その場合もルサンチマンが蓄積されることになります。

マズローの五段階欲求説[注2]に沿うなら、下からの、**生理的欲求→安全欲求→所属と愛の欲求→承認欲求**の四段階までが損傷を被るのですから、この問題は実に、実に、深刻なものと言えましょう（五段階目は「自己実現欲求」です）。

致知出版社の『現代人の伝記1』[注3]に、塩谷愛一《しおたによしかず》氏のお話が載っています。「ルサンチマン」問題はその内容とも深く関連しています。

赤ちゃんの添い寝やだっこを否定した『スポック博士の育児書』が季刊雑誌で有名になり、当時の多くの人々がその影響を受け、国の施策（『母子健康手帳』と一緒に配布された副読本『赤ちゃん―そのしあわせのために』）にも採用されてしまったというのです。

そういった誤った育児思想の社会の中で乳幼児期から育ったのが、やがて全国的に中学校の校内暴力を起こした一九八〇年代の子供たちの層だと言います。彼らの「共同体憎し」の情念はそういう意味ではルサンチマンからもきているものがあったように思われます。そして共同体（学校）を壊すことは彼らにとって快感で快感で仕方がなかったものでした。校舎破壊や教師への暴力行為は「正義の鉄槌《てっつい》だ」とさえ思っていた節がありました（私はその全国的な校内暴力が盛んな時に中学校の若手教師としてその最前線に身を置いていましたから、そのあたりのことが実感として納得できます）。

さてさて、そのルサンチマンは無意識に抑え込まれていて、やがて思春期のエネルギーによってその蓋《ふた》が開けられます。すると、自分でもなぜかわからずに、学校や社会や校則や「道徳」に反抗したい衝動を持ち始めるものです。これが「理由なき反抗」（ジェームス・ディーン主演の映画の名）と呼ばれるものです。本当は「乳幼児期に醸成されたルサンチマン」という理由があるのですが（この映画では親の愛が主人公の兄だけに注がれていましたね）。また、時には「自由」「人権」「個性」という大義名分を巧みに利用しながら怒りをぶつける場合もあるようです。

その衝動の「エネルギー」は、強く自分を突き動かし、理屈的には「親」に向けるべき恨みつらみが、自分にその幼少期の記憶や自覚がないことと、まだ自立できずに親に世話になっていることを本能的に感じているために、「転移」という形で、最初は身近な学校の先生に向けられていくと思われます。やがては親に向かうのですが。

その2　ルサンチマンへの対処法

そのような共同体や大人に対する恨みつらみは、幼少期の傷が深ければ深いほどに「大きなエネルギー」となってためられていますから、中学になってから、いまさら教師が必死で寄り添うことで収めようとしてもそれは無理というものです。かえって教師の「寄り添い」を裏切ることに快感さえ感じてしまう場合も多いのです。本当に必要なのは、その湧き上がるエネルギーを何か別の形で放出させることなのです。

ところが、「寄り添うこと」ですべてが解決できるという「信念」が中学校現場や大学の教職課程の授業には結構存在しています。私からすれば、まさにその「信念」のために盲目となり、「実態」を見ても「見れども見えず」となって学級崩壊が起こっている例が多いと思われます（この問題は結構深刻な問題だと私はずっと思ってきました）。

ゴールとしてなら「寄り添うこと」は正解だと思います。が、そこに至る「過程」では、十人十色の児童生徒の成育の実態や反抗の段階に応じた多様な処方が必要です。指導者は柔軟でなければなりません。自分の信条に凝り固まった硬直化した指導が問題を大きくしてしまうのです。

一般に、形而上の理想・信条はあくまで形而上で純粋培養されたものであるため、形而下の個々の現場にはすんなりと当てはまらない場合が多いものです。ですから形而下での応用では「柔軟」な対応が必要不可欠です。教条主義に陥らないように気をつけるべきです。

なおこの時、シュタイナーの「四つの気質[注4]」の視点を加えて考察する必要がありましょう。

右のようにたまったエネルギーが「反抗」という形で外へ噴出される場合は、「気質」からいったら「胆汁質」や「多血質」の場合に多い傾向だと思われます。が、もし「憂鬱質《ゆううつしつ》」である場合は、外でなく内にこもっていき「不登校」や「自殺願望」や「自傷行為」が強くなったりするように推察されます。

しかしながら、ルサンチマンに翻弄《ほんろう》されている人を救う「良い方法」は、ないわけではありません。**「昇華」**という方法です。「昇華」とは「社会的に認められない欲求や無意識なエネルギー（イド）が、芸術的活動、宗教的活動等社会的に価値あるものに置換されること。精神分析の用語。」（広辞苑）のことです。

その「昇華」の一つは、恨みつらみのエネルギーをまさに「徳性を高め、善を行う道」のために燃焼するように導くことです。京セラの創業者稲盛和夫氏も幼少期からのままならない人生への恨みつらみのエネルギーを、事業と「徳への道」に昇華させて成功した人物であると（私には）察せられます。

しかしその指導ができるのは、唯一、身近な「人格者」です。しかも、彼らのエネルギーに負けないだけの熱量をもった……。

稲盛氏の場合は「兄」が、そして自立してからは稲盛氏が師事した高僧や仏教への

「信心」がその役割を果たしたと推察されます。「信心」のきっかけには子どもの頃肺結核にかかり、死について必死で考え続けた体験があるように思われます。

もう一つは、仕事やスポーツや芸術や趣味やお稽古事などに意識を向けさせて、そのエネルギーを燃焼させる方法です。冒頭の例として挙げた山本氏はファッションの道で成功をおさめ、エネルギーを燃焼できたのでかろうじて救われました。しかし、この場合も「人格者」がそばに寄り添っての成長でないと、そのファッションやスポーツや芸事をやめた時から、反道徳的な道に迷い込んでしまう例も実は多いと実感しています。

義務教育の段階では、身近にいる「人格者」が、その児童生徒を大切に考えて、その暴走を諫《いさ》め、辛抱強く激励し（何度でも裏切られますから）、伴走してあげることが必要だと思われます（本当はこれを、学校では「教師」に期待したいところですが……）。このことで人間や共同体に対する**「信頼」「信」**をその子の心に新しく育てるわけです。そして、伴走者はその子供の「夢」「志」を一緒に語り合うことが大事になってくると思います。

私の体験です。幼児期に母親の育児放棄を受けてきた児童が、小学校の教頭先生にずっとおんぶに抱っこや食べ物の世話をしてもらっていたことで、中学校になっても

「教師」に対してだけは信をおいて（いろいろ問題を起こしながらも）やがて立派になっていった例があります。

さて、これまで「善・徳を求める心のコップ」を上向きにできなかった人たちも、この「節」を読むことでご自分の抱えていた「ルサンチマン」に思い当たる節があり、初めてそれに「気づくこと」をきっかけに、自分の「ルサンチマン」との対話が始まり、固着（根をはやしたルサンチマン）が溶解していくのではないか、と私は期待しています。さてさて、いかがでしょうか？

陸上競技界で活躍した為末大《ためすえだい》氏は言います。

「スポーツでは、自身のコンプレックス（ルサンチマンも同様でしょう…夏目）をエネルギーにするというパターンは多いんです。周囲を見返したいとか、自分の力を証明したいとか。ただ、大谷選手はそういうものがなく、本当にピュアに野球に向き合っているように見えます[注5]」（大谷選手の場合は、十二分の親のケアを受けながら育っていますね[注6]）

注1　山本耀司筆「私の履歴書」『日本経済新聞』二〇二一年九月一日付

注2　中野明著『マズロー心理学入門』アルテ、二〇一六年、第二章「欲求の階層」参照

注3　夏目研一編著『現代人の伝記1』致知出版社、二〇〇三年

注4　ルドルフ・シュタイナー著『人間の四つの気質』風濤社、二〇一九年。ヘルムート・エラー著、鳥山雅代訳『4つの気質と個性のしくみ』トランスビュー、二〇〇五年。高橋巖著『シュタイナー教育の四つの気質』イザラ書房、一九八八年など参照

注5　双葉社「THE　CHANGE」二〇二三年八月二十日配信

注6　第7章2節その2を参照のこと

2節　ニヒリズムに陥っている人のために

その1　ニヒリズムとはどういうものか

心の奥底にルサンチマン（世の中や親に対する恨みつらみ）をかかえながらも、それを攻撃的に表に出せず、むしろ内攻させていく性格（憂鬱質…シュタイナーの四つの気質のうちの一つ）を持った人の場合は、**「ニヒリズム」**に染まりやすい傾向にあるかもしれません。

「神」の存在が信じられなくなり、価値相対主義に染まり、「この世には絶対と言える真理などはない、すべてが相対的であり、絶対的な悪もなければ善もない」という思想に取り憑《つ》かれますと、まずは「虚無感」に陥り、次にニヒリズムに陥りやすくなります。

仕事に対する使命感を持てず、「人間」としての使命感も持てず、何かに熱中して熱く生きることもできなくなり……すべてに確固とした意味を感じられなくなり、心が冷めて、無気力に、すぐあきらめ、なげやりになり……それがニヒリズムです。もちろん、道徳的に生きることに対しても無気力になります。ですからまさにこの本は、そんな人々にとってはなんとか否定してしまいたい対象となりましょう。

とりわけ、知的に考えることが得意な人ほど「理論」に忠実に振る舞いがちであり、そんな若者にありがちの「狭い知見で創った自分の理論」でニヒリズムに陥ってしまうこともあり、「善も悪もないのなら、人を殺して何が悪い？　快楽を人生の中心において何が悪い？　自分の利益だけを追う人生の何が悪い？　徳性を高め善を行うことに一体なんの価値がある？……」といった考え方に「信念」が乗り移りやすくなることもあるようです。

しかし、絶対的で普遍的な「価値」は存在するのです。カントの形而上学において！[注1]

ですから、価値相対主義もニヒリズムも、部分的経験を元にして偏って判断した「誤解・幻想」に過ぎないのであり、その誤解を言い訳にするのは、（おそらく）自分のルサンチマンから来る共同体否定への衝動を、正当化するための詭弁《きべん》と言われてもしかたないでしょう。

加えて、カント道徳では「普遍化可能性」を重視します。そこでは、だれもがその「ニヒリズム」の価値観を義務として持った世界はどういう世界になるのか、果たしてニヒリズムの普遍化は可能なのか、それとも自己矛盾を起こして破滅していくのかを点検することになります。

さて、どのような世界が描けましょうか？

様々な領域において、無気力に陥った人たちで生きる世界を思い描いてみましょう(そういう実験小説があってもいいですね)。

そうした場合、「絶対的な善も悪もないのなら」と、犯罪に対しても罪悪感を否定しようとします。とはいえ、さすがに罰則のある法令や規則に触れることは避けたいので、その隙間をうまく泳ぎ切ることを抜け目なく考える、という傾向性を持つことになりましょう。

そして、法令や規則の範囲内なら他者に迷惑をかけようがかけまいがかまわないではないか、となります。すると、利己主義が蔓延《まんえん》する殺伐とした世界へ、感情と感情の衝突の世界へ、あるいは世の中が殺伐としていて住みにくいので、引きこもりの増大する世界へ……と変貌していくことでしょう。個人主義から利己主義へ、多様化から混とんへ……（一定の秩序があるからこそ多様性が活かされるのに）。そして、そんな殺伐とした世界でたまるストレスを、ＳＮＳにおける誹謗中傷《ひぼうちゅうしょう》で解消しようということにもなりましょう。

しかしこれらは、これまでの共同体や文化の解体であり崩壊でありつまり爆発（終わり）と言えそうです。自己矛盾していくわけです。

そして、そのような精神がまかり通る温床がつくられますと、〈悪〉を積極的に意志して麻薬などでしこたま儲けようとする「悪人」の住みやすい場となります。そればかりでなく、後ろ向きの国民の国家は他国の餌食《えじき》にされてしまうのが、これまでの世界史の語ることです。アヘンで侵された昔の中国のように。

それでいながら、ニヒリズムならば本来否定するはずの〈肉体〉の欲する本能的幸福欲求（食欲・睡眠欲・性欲・財産欲など）だけは、都合よく本人の欲するままに放任されていきますから、半分ぐらいの人々はその魔性のとりこになっていきましょう。なにしろ「道徳性を鍛えること」そのものを冷ややかにしかとらえられないのですから。しかし、都合《つごう》良く幸福欲望だけを特別扱いする場合、これほどの矛盾行動はありませんね。もはや「ニヒリズム思想」そのものが破綻《はたん》しています。

また、ニヒリズムに陥りますと、〈自己支配〉（節制などの良き習慣を通して自分を道徳理性でコントロールできること）に努めることを大っぴらに愚弄するようにもなりますが、これはリバタリアン（過激な自由主義者）に目立つ傾向です。そうしているうち、利己的な「幸福欲望」だけが無自覚のうちに深まっていき、どうにも止まらなくなっていくことになります。

最後には〈利己愛〉ばかりが残るために当然自分のことばかりに意識が向いていき、相互依存の発想などは到底思いつかなくなり、人間同士のいさかいや争いが増え、ソーシャル・キャピタル（人間関係資本）は極端に減少していき、行き着くところはやはり自己と社会の衰退と崩壊でしょう。日本もその入口に立っているのかも知れません。

以上は私が描いたニヒリズムを普遍化した時の論理必然的な姿です。もちろん現実では、それに対する別のベクトルが働き、スムーズに右のようにはいかないはずです。が、常に右のような方向への力は底流として働き続けていくのは確かでしょう。

このようにして、やがて世界は「自己矛盾」を招き、社会と人類の解体と崩壊が待っていますから、カントの〈善の定式〉からすると、ニヒリズムは〈悪〉ということになりましょう。

その2　ニヒリズムへの対処法

そこで、私の方からニヒリズムに対してツッコミを入れてみましょう。

もし、ニヒリズムを信ずるのなら、自分の「生への衝動」さえも絶対的なものではないと考えるわけですから、果たしてそれが本当かどうか、それを確かめていただきたいのです。つまり、「食欲」も「睡眠欲」も「性欲」も「財産欲」もすべて無価値なものとしてそれらを断ってしまうことで、ニヒリズムの正当性の実証をしてみてほしいのです。頭でなく肉体でそれを証明してみてほしいのです。

釈迦（仏陀）は若かりし頃「虚無感」に陥り（虚無感はニヒリズム前の段階です）、食を断って瞑想することでついに「解脱」し、苦行の必要性さえも感じなくなり、断食をやめて人里へと歩き始めます。途中、村の少女から乳粥（牛乳で煮た粥）を布施されてそれをすすります。その瞬間心も体も深い感動を覚え、自然な「生への衝動」は生きている限り否定しようのないもの、絶対的なものであるという悟りを（おそらく）開いたことでしょう。ですから釈迦の悟りの決定的瞬間はこの時であったと思われます。そして、自己愛（動・植物体としての本能）の範囲までは肉体の欲求に従い、それ以上の利己愛（社会的欲望）をむさぼることは極力控え、残りを精神の充実（道徳性を最優先順位とする精神性）を求めて生きる道を選ぶべきことを悟った、というふうに想像されますが、いかがでしょうか？

このように考察してきますと、ニヒリズム思想には、理論的に矛盾があることに気づきます。その矛盾とは、「ニヒリズムを考えるようになった精神」つまり「首から上」と「本能的欲求の源泉である肉体」（首から下）とは本来両方そろって「丸ごとの人間」を構成している必要条件であるのに、その二つを切り裂いて後者（肉体）を無視している（いや、見て見ぬふりをしている）、という「矛盾」です（カント道徳理論でも同じような切り裂きをしますが、その後で両者の統合を図っていますから、全く別物になります）。

つまり、「肉体」の持つ〈生への衝動〉部分を無視して全体の「人間像」を描いてしまったもの、それがニヒリズムである、ということになりましょう。そしてそれは実はルサンチマンが無意識の動機となって支えている場合が多い、ということが言えないでしょうか。

肉体の存在を無視するニヒリズムとは「精神だけで生きる人間」としての世界像の

一つと言えましょう、「肉体」の欲求を無視するのですから。一方、プラトンも同じように「肉体」が死んだ後の「精神（霊魂）だけで生きる人間」の世界像を描きましたが、ニヒリズムの「無気力精神」とは逆に積極的な「道徳的精神」で成立する世界像を描きました。

この両者の違いはどこからくるのでしょうか？

おそらく、共同体を肯定的にとらえたい衝動と否定的にとらえたい衝動の違いでありましょう。後者はルサンチマンを持った人に該当するものです。

以上は論理的必然として想像できることではないでしょうか。

この問題を考える上で良い参考となる物語があります。渡邊亮著『仏陀伝《ぶっだでん》』の第六章「破邪顕正《はじゃけんせい》」です。ここには、ニヒリズムに陥った人々の行き着きそうな世界が表現されています。もはや努力などせずに目前の対象への欲望のままに生きる世界が。

「世界に制約などないのだ（中略）目的など考えてはならない。ただこの瞬間、欲望のおもむくままに動けばいい。この男女たちを見てみろ。これが人間のあるがままの姿だ。お前がいた、善悪、制約のある世界、そこで何を見た？お前同様、抑えつけられ、歪められ、変形した人間どもではなかったか（このとらえ方は、部分的な真理を全体に押し広げる誤謬《ごびゅう》でしょう）。善悪無し、来世無し、生きる意味など無し（これがニヒリズムです）——さあ杯を空けよ。お前の堂々たる体躯にふさわしいだけの肉を食うがいい。若さに任せ女を抱け。迷妄から解き放たれ自由になった、真の人間存在として覚醒せよ[注2]」

彼の言う「真の人間存在」のとらえ方は、（道徳的な）精神的生命段階の存在を忘れていますね[注3]。

これがニヒリズムが行き着く一つの世界観でしょう。

では、その結末はどうなったでしょうか？

物語の中では、仏陀（釈迦）はニヒリズムの究極に生きる一人の「殺人鬼」の〈心〉を全力で救います（実は、この殺人鬼は幼少期から親の愛からは程遠い一種の虐待の中で育ってきました）。しかしその殺人鬼は、ルサンチマンとニヒリズムのかけ合わさった価値観の命ずるままに、これまでたくさんの人々を殺してきた人でしたから、殺された人の身内たちの怒りによってなぶり殺される危機にさらされます。その時、すでに仏陀の教えに目覚めていた殺人鬼は、進んでなぶり殺されることを望んだのでした。仏陀はその希望を受け入れ、殺人鬼が人々になされるままにしました、複雑な思いを抱きながらも。そしてその亡骸《なきがら》を手厚く葬ります。

その後、仏陀はニヒリズムによって退廃と倦怠《けんたい》に満ちた「村」、まさに例の殺人鬼を生んだ村に乗りこみ、そこの最高指導者と「理論対決」をします。対決は仏陀の優勢のうちに説得的に展開していきます（私にはそう思われました）。そしてついには、仏陀を見て恥ずかしさや畏《おそ》れを抱いた村人たちは、そのニヒリズムの村から全員逃げ出してしまいます。

それを見て、ひとりだけ残ったその村の二番目の指導者がこう言います。

「あーあ、みんな逃げてしまった。もう誰も、飽きていたからなあ。誰も初めは、この世の楽園と思って来るんです。浮かれてね。でも正直、快楽ばかりだなんて、三日も経てばうんざりしますって。それをごまかすために、もっと酒を飲んで煙を吸って交わって――。みんなこの苦行から、いつか抜け出る機会をうかがってたんでしょう。そこへあなた（仏陀）が来て、みんなして、えいっと去ってしまった[注4]」

この本から私が学んだことは、ルサンチマンの強い人ほどニヒリズムに傾倒しやすく、それを基盤に生きているうちに悪い情念（悪を成して何が悪い？　人を殺して何が悪い？　仕事をしないで何が悪い？　快楽にふけって何が悪い？）に身を委ねてしまいがちである、ということでした。[注5]

また、「祖国が滅び、家族が、同胞が死んだのは、この男（ニヒリズムに陥った指導者）の企て」[注6]とあります。が、これはつまるところ、その指導者の「個人的なルサンチマンの企て」に置き換えることが、この物語の他の部分を読み取ることで可能でした（私はここでヒトラーを想起してしまいました）。

また、仏陀が生きた大昔から、ニヒリズムというものがあったことを私は改めて認識しましたし、また仏陀は、そのニヒリズムの前段階である「虚無感」から出発して、修行を行うことでニヒリズムとは異なる道に進んでいった人物であったことも学びました。

そうです！　「虚無感」から後には二つの道があったのです。

仏陀は「食を断つ」＝「肉体の欲望を断つ」ことで悟りへと導かれ、それに対して、ニヒリズムの村の指導者は「肉体の欲望のままにする」道に進み、自己矛盾に陥り、崩壊していったと言えましょう。

そして、私は思い出してしまいました。まさに私自身が、高校二年の時、「人生に対する虚無感」に陥り、出口を求めてたまたま読んだ『禅 現代に生きるもの』（NHK出版、一九六六年）の著者紀野一義氏に手紙を書き、氏のご紹介で鎌倉円覚寺の須原耕雲禅師に導かれ、土日座禅会や年末一週間の座禅会などに参加したことを。

その時、私なりに唯一気づいたことが**「生への衝動の絶対性」**でした。頭は「虚無感」に覆われていても、肉体はそれとは無関係に「生への衝動」に突き動かされていて、食べ、飲み、眠り、自分の幸福（本能的欲求か満たされること）を求めて動いているという「真実」でした。

短期間ではありましたがその「修行」の中で、坐禅を組む足の激痛から早く解放されたいという強い欲求を感じたり、薬石（食事）をとっている時、あまりにそのお粥がうますぎて我を忘れて夢中で音を立ててすすっていて、その時の指導者だった足立《あだち》大進《だいしん》禅師（後の円覚寺管長・老師）から「うるさいな！」と叱られてしまったこと、それらを思い出しました。

頭は虚無感とニヒリズムに陥っていても、植物的生命と動物的生命である「肉体」

はそれとは逆へと自分を突き動かすという「真実」。

こうなったら、今なすべきは、思い切ってまさに思い切って、頭をもぎ取って「生きる」へと全身全霊を投げ込んでしまう決意だけでした。[注7]

注1　第6章、7章を参照のこと
注2　渡邊亮著『仏陀伝』風詠社、二〇二二年、五九五〜五九七ページ
注3　第3章1節を参照のこと
注4　渡邊亮著『仏陀伝』風詠社、二〇二二年、六三八ページ
注5　同前、六三六〜六三七ページ参照
注6　同前、六三五ページ
注7　歴史家で文化人類学者のイマヌエル・トッドは言う。「アメリカで起こっていることを理解するために、私が導入しなければならなかった概念が一つあります。それは『ニヒリズム（虚無主義）』という概念です。（中略）これは、最終的に、（キリスト教の）プロテスタント的価値観の完全な消滅という災厄にまで行きつくでしょう。つまり、それは『労働倫理』の消滅です。経済学における道徳の基本概念の消滅を意味します。そしてこのことが、すべての経済的機能不全の理解を可能にします」（『人類の終着点』朝日新書、二〇二四年、三一ページ）

エピローグ

おわりに、引用しておきたい言葉があります。『仏陀伝』最終章の仏陀（釈迦）の言葉です。

「スバッタよ、そなたに説こう。誰が正しい、彼が正しいと、正しさをつまむように目を移ろわせ、心も移ろわせ、歩き回るのはここで終わりにせよ。スバッタよ、私は二十九歳で、正しいものを求めて出家した。それから五十余年、私は理と、法の領域のみを歩んできた。これ以外に、正しい道なるものは存在しない[注1]」

「理」とは形而下でなく形而上の「原理・理論」であり、「法」とはそこから導き出した道徳法則や各自の行動方針のことに、カント道徳では置き換えることができます。右はまさしく、そのまま「カント道徳」の世界へとおきかえることができるのです。

最後にもう一つ。

「在家《ざいけ》の衆生に必要なのは、精緻な理論や厳しい修行、戒律よりも、仰ぎ見て心安んじ得る、また不滅にして無量の力を与えてくれる、太陽のような存在であろう。仕事や生活や人間関係に追われると、瞑想も自省もする時間は持てなくなる。そんな彼らが、道を間違えずに希望を見出《みいだ》し、正しさの中で生きていけるように、私の存在が役立てばいい[注2]」

右の「私の存在」とは仏陀のことですが、それは同時に「仏法」を意味しています。そこから、カント道徳ではそれは〈道徳法則〉と〈善の定式〉に相当するということになります。形而上に、尊崇する〈道徳法則〉と〈善の定式〉があるからこそ、形而下において欲望に翻弄されがちな「人間」でも、道を間違えずに生きていけるようになるのです。

右の言葉、カントのあの有名な言葉に通じていきます。

「わたしたちが頻繁に、そして長く熟考すればするほどに、ますます新たな賛嘆と畏敬の念が心を満たす二つのものがある。それはわが頭上の星辰をちりばめた天空と、わが内なる道徳法則である。（中略）［道徳法則を］眺めるとき、わたしの人格性によって、叡智的な主体（形而上の道徳理性を持った主体）としてのわたしの価値は無限に高められる。この人格性において道徳法則は、わたしが動物性から独立し、さらにはすべての感性界から独立した生命をそなえていることをあらわにするのである。少なくとも、この道徳法則によって、わたしが目的（人間の使命）に適った存在であるかのように規定されることから、そのように推定されるのであり、この目的に適った規定は、この世の生の条件や限界に制約されることはなく、無限に進むのである[注3]」

注1　渡邊亮著『仏陀伝』風詠社、二〇一二年、七八一ページ

注2　同前、七七七ページ

注3　カント著、中山元訳『実践理性批判2』光文社文庫、二〇一三年、二四二～二四四ページ

あとがき

私が「カント道徳」を実用化できたのは、長い間〈人間学〉を月刊誌『致知』（致知出版社）を通して学び続けてきたからです（もう二十五年以上になります）。「カント道徳」の理論を実用化するには実際の個々の現場・自分の体験に落としこんで考察する必要がありましたが、その時に活用されたのが〈人間学〉でした。しかも、首から上の単なる「知識」としての〈人間学〉ではなく実際にみずからが徳性の向上を目指して活用する経験が必要だったのです。多くのカント道徳研究者と私との違いは、この点かもしれません。

カントは言います。

「道徳学《モラール》（形而上のカント道徳の原理・理論）**を人間に適用するには、つねに人間学が必要である」**（カント著、中山元訳『道徳形而上学の基礎づけ』光文社文庫、二〇一二年、八三ページ）

私の講義を受講してくださった都留《つる》文科大学の学生の皆さんに、心から感謝申し上げます。毎回の授業で、遠慮なしに次々と疑問を呈し、鋭いツッコミを入れてくださいました。私はそれに応えるために、改めてカントの著書を読み直し、学生への説明のためにおのずから哲学が深まり、新たな発見をし、私自身がカント道徳を深いところで理解できるようになっていったのです。その意味では、この本は都留文生との共同作品です。間違いなく共同作品です。

＊　＊　＊

私は、二〇一四年以来、新宿の「朝日カルチャー」で御子柴善之氏（早稲田大学・カント協会会長）の「カント講座」を受講し続けてきました。かれこれ七年間、百回近くになります。この講座はカントの『純粋理性批判』を一文ずつ読むという内容でした。それまでの私は独学で「カント道徳」の方を研究していましたので、その研究の時に生まれた疑問について御子柴氏に質問をし、多くの助言をいただいてきました。氏は最近『道徳形而上学の基礎づけ』という新訳書と『カント実践理性批判』という解説書を出されました。長年の研究成果がいかんなく発揮されている最高峰の内容に感嘆を禁じえません。心からの敬意と感謝の思いでいっぱいです。

カント道徳を身につけるには上達論が必要です。私はそれを、空手道師範である南郷継正氏※の下で、大学生の頃身につけました。氏は三浦つとむの『弁証法はどういう科学か』を座右の書とし、上達論を説いてくださいました。それが今になって役立とうとは…感無量です…。

※南郷継正著『南郷継正　武道哲学　著作・講義全集1～12巻』現代社、二〇〇一年～参照

長年、自分の研究発表の場は「日本道徳教育学会」でした。行安茂氏をはじめとする学会員からは毎回多くの助言を賜ってきました。心より御礼申し上げます。

日本にはただ一校だけ道徳専門の大学院があります。千葉県柏市の麗澤《れいたく》大学です。私はそこでも教鞭をとる機会に恵まれ、多くの先生方の薫陶を賜りました。とりわけ、日本にコールバーグの道徳論を紹介された岩佐信道先生には、長きにわたってひとかたならぬご支援ご鞭撻を賜りました。心から感謝申し上げます。

この本を学友門島伸佳氏に贈ります。

最後に、この本の出版を引き受けて下さった致知出版社の藤尾秀昭社長、全力を尽くして編集作業をして下さった小森俊司氏、岡田奈津輝氏に、心より感謝申し上げます。

令和六年六月

夏目研一

重要語句の解説

道徳性

端的には「善への意志」のこと。理性的意志と感性的意志とがある。カント道徳における〈道徳性〉とは、「徳性を高め善を行わんとする心のコップを、上向きにして生きようとする意志」のことである。この「意志」は感性に源流を持っているとしても、しっかりと理性に支えられたものである。

善

第5章を参照のこと

定言命法と仮言命法

第4章を参照のこと

カント形而上学・形而下学

第3章2節と第6章を参照のこと

一般の形而上学とカントの形而上学との違い

一般の「形而上学」とは、「神は存在するか」「霊魂は不滅か」「宇宙に果てはあるのか」といった難題を、過去の歴史・経験（夢や幻想も含む）をもとにあれこれ考え判断を下そうとする場のことである。そこでは形而上と形而下とが明確に分けられずごっちゃに扱われている。つまり、「テーマ」としては形而上のものでありながら、その根拠は形而下（個々の現場）における個人的・主観的な体験（たとえば、突然天から啓示を受けたとか、何度も夢に神が現れたとか）などを根拠にされて形而上に「神」が措定されたりする。その場合、その根拠が個人的で主観的であり客観性を証明できないので、実はそこを自然科学（存在論）の立場から批判されることになる。

それに対してカントの形而上学の場合は、個人的・主観的な体験を根拠とはしない。主観・経験を超えて（＝これをアプリオリと言う）、「かくあるためには、必然的にかくあらねばならない」という必然性に沿って理想の原理原則を推論し創造する場である。ただし、まったくの机上の空論ではなく、道徳論の場合のように時には形而下でも実践できることがその条件でもある。また、ここでの「理想」とは、自己矛盾を起こさずに持続可能性が高いことである。

純粋理性

「純粋理性」とは、端的には「カント形而上で思考する能力のこと」である。

その際、人類のこれまでの歴史的・経験的な「判断」には頼らず、また幸福欲望など感性的な関心に基づいた「判断」を除去して、ただし、歴史的・経験的な「断片的知識」だけは活用しながら、思考を推し進める。

道徳論を例とした場合、いつでもどこでもどのような条件下でも道徳性を発揮できる「意志」を目指して純粋理性で創造・措定されたものが、〈純粋実践理性〉（純粋で完璧な道徳理性）や〈最高善〉（道徳的存在であることを前提にした幸福の状態・境地）であり、また〈善の定式〉や〈道徳法則〉である。

「純粋」とはこれまでの歴史や経験や感性の「判断」に頼らないという意味。

カントの〈定言命法〉は純粋理性によって推論され創造されたもの。

それに対して、単なる「理性」とは、単に考える能力のことを意味していてそれ以上でも以下でもなく、形而下で普通に考える能力も形而上で考える能力も（区別しないで）含む。『純粋理性批判』という著書は、形而上で考える能力（すなわち純粋理性）を分析し、その可能性と限界を考えるために書かれた本であり、「単なる理性」を考察する本ではない。またカント形而上学の可能性と限界性をあきらかにしているのがこの『純粋理性批判』である、というとらえかたをすると、この本の理解が格段と進む。また「超越論」とは形而上の理論のこと。

なお、形而下の個々の現場で「判断する能力」をカントは〈知性〉と呼んでいる。〈知性〉とあったら、ああこれは形而下の判断能力のことだな、と即座に置き換えると理解が進む。また、純粋理性の活躍する形而上の世界をカントは〈叡智界〉と呼んで「知性界」と区別している。

実践理性

「実践理性」を一言で言えば、形而下の世界で、道徳法則に基づいて行為しようと奮闘努力する「意志」のこと。だから、肉体の欲する衝動や外部からの刺激などに動機を置く「意志」ではない。

カントは、「意志とは実践理性にほかならない」と表現している（カント著、中山元訳『道徳形而上学の基礎づけ』光文社文庫、二〇一二年、八六及び一七二ページ）。

「実践」とは「意志する」という意味であり、カント道徳の場合は、感情的にではなく理性的に意志するという意味である。

「実践理性」の活躍する形而下の場では人間学を必要とする。人間学とは、理性的であると同時に感性的な（煩悩を持ち幸福を求めてやまない）存在者である丸ごとの人間を対象とする学問のこと。

形而下に降りて道徳法則や行動方針（格率）を「行為・実行」しようとする段階では、厳格性を避けて寛容性が必要とされ、しばしば弁証法の「否定の否定」（二歩前進のための一歩後退）の戦略が求められる。カントはその立場から、道徳法則を厳格に求めようとするストア学派を批判している（カント著、中山元訳『実践理性批判2』光文社文庫、二〇一三年、一五七〜一五八ページ）。カントの「神の要請」や「霊魂不滅の要請」はこの形而下で実践理性によって考えられている。

純粋実践理性

一切の幸福欲望に左右されず、「道徳法則に対する尊崇の念」だけを動機とし、「徳性を高め善を行おう」という使命・生きる意味をもって、道徳的実践を迷いなく意志できる理性のこと。これは形而上だけで措定できる理想像である。

「純粋」とはここでは「道徳法則に対する尊崇」だけを動機とするという意味。つまり、一切の感性的で欲望的な心に左右されない、という意味。

最高善

最高善とは、道徳的存在者であることを条件に幸福になれる状態・境地のこと。だが、「必ず」両立するとなると、形而下の感性的・経験的な場では不可能であり、あくまで形而上としてということになる。

たとえば、食パンを無限に薄く切ることは、形而上の理論としては可能であるが、形而下の個々の現場においては不可能であることに似ている。形而下では、裁断機の性能によって常に限界を余儀なくされる。だが、性能が上がるにつれてかぎりなく薄く切れていくのも確かである。

※余談になるが、弁証法の「量質転化の法則」で推論すると、永遠に薄く切られるわけではなく、原子レベルまでを裁断すると、突然に質的な転換（爆発）が起こるはずである。

たとえそうであっても、人間は最高善を求めてやまない存在者である。「善い事をしたのだから幸福も一緒についてきてほしいな」と。それが形而下の幸福欲望を持った人間の心理というものであろう。

そこでカントは考えた。形而下の場において最高善を限りなく実現するために、「神の要請」をしたくなるであろう、つまり、神による奇跡（常に善と幸福との同時成立）を要請したくなるであろう、と。

またもう一つ。〈目的の国〉が完成に近づくほどに、「かぎりなく善と幸福の一致率を高めていくことが可能である。あくまで漸近線のように接近するだけではあるが。あくまで接近するだけであることから、最高善の完成を求めてやまない道徳的な人間理性は、肉体が死んだあとにも精神・霊魂だけは生き続けて、そのことで限りなく完成に近づいてほしい、と「霊魂不滅の要請」をしたくなる、とカントは考えたのである。「漸近線」という表現はすでに中山元訳『純粋理性批判6』（光文社文庫、二〇一一年、一八四ページ）に出ている。

物自体と現象

第5章トピック4を参照のこと

自由

「自由とは、己の幸福欲望や煩悩を、道徳理性で自在にコントロールできることである」…これはカント独特の自由の定義である（この定義の表現は夏目による）。

夏目の言葉で表現するなら、これは〈内からの自由〉のことになる。

一方、普通一般に使われている「自由」は〈外からの自由〉のことで、「他者による束縛や規制」からの自由のことである。たとえば、為政者の独裁からの自由、共同体のルールや不文律からの自由、ブラック校則からの自由、会社経営者の横暴からの自由、差別や不平等からの自由……などが〈外からの自由〉の例である。
※カント著、中山元訳『道徳形而上学の基礎づけ』光文社文庫、二〇一二年、一八五ページ参照

目的の国

〈目的の国〉とは〈善の定式〉を意志する国民によって創られる国のこと。また、自国と他国を常に目的として扱おうとする国のこと。

行動方針（格率）

〈道徳法則〉は既に普遍性が保証されているが、〈行動方針〉の場合は個人的なもので、法則に沿うものとそうでないものとがある。

〈著者略歴〉

夏目研一（なつめ・けんいち）

昭和28年生まれ。早稲田大学大学院教育学研究科博士課程満期終了退学。公立・私立大学の元非常勤講師。カント道徳を基礎にした道徳教育を長年提案してきた。著書に『危険な教育改革』（鳥影社）がある。

大学生に衝撃と感動を与えた
「カントの道徳」講義録

令和六年七月二十五日第一刷発行

著者　夏目 研一
発行者　藤尾 秀昭
発行所　致知出版社
〒150-0001 東京都渋谷区神宮前四の二十四の九
TEL（〇三）三七九六—二一一一
印刷・製本　中央精版印刷
落丁・乱丁はお取替え致します。　（検印廃止）

ISBN978-4-8009-1311-1 C0095
ホームページ　https://www.chichi.co.jp
Eメール　books@chichi.co.jp

ブックデザイン——秦 浩司
編集協力——柏木孝之